天下文化
BELIEVE IN READING

人間最美的相遇

寫給母親的深情書

賴珩佳 著

輯一　至親至愛

輯二　至情至性

序

相知相伴，願許來生

賴清祺　行政院前副祕書長／中華郵政公司前董事長

根據每年新生嬰兒的統計，在十二生肖中，普遍最受歡迎的是龍年；因為龍，自古以來就是至高無上的祥瑞表徵；因為龍，有著與生俱來的智慧、熱情、自信與不怕挑戰。

龍年出生的女性，俗稱為龍女，龍女乘願而來，救渡眾生。何其有幸！今生此世，都在龍女教養、呵護、陪伴、關照的恩澤中成長、茁壯、成熟。

珩佳和母親、祖母三代都是龍年出生，攀比輔佐觀世音菩薩普渡眾生的龍女，悲心寬廣，願力千足，教化凡夫，常行不懈；珩佳和母親，從小到大幾乎形影不離，默契十足，食同味、衣同好，行起坐臥，如出一轍，早年在《中國時報》於母親節徵求最相像母女比賽中，榜上登載，足見認同母女倆外貌相像外，也都是秀外慧中，氣質取勝，態度溫和友善，舉止文雅端莊。

珩佳出國求學或是遠嫁他國，從寫信、簡訊到視訊，每天晨昏定省，甚至一日三餐外，再加無數點心，兩地傾談，無所不包，母女感情如膠似漆，慈母無條件的親情與恩懷，山高水深，無限感懷，憶往撫今，肅然起敬。

教養子女有成，相夫如子，多方鼓勵，尤其是進修上學。婚前，在民國六十年、六十一年，我已經公務人員高等考試、乙等經建暨地方行政特考、普通考試及格，雖從事教職，但是她全力支持我繼續進修，〈學生丈夫〉一文堪稱是階段性代表作，甚至於出資為我出版著作，參加公務人員甲等特考。

愛妻果斷自信，毅力堅定，諸如在那個「一個不算少，兩個恰恰好」的家庭計畫年代，堅決信守政府政策；再者，她文筆絕佳，詞句簡潔，情感灌輸，扣人心弦，課餘投稿，幾乎百分百，刊登之後，我才有幸拜讀；其三，她深受師範教育栽培，出道甚早，作育英才，想當年是台南縣最年輕的「資賦優異兒童教育實驗班」導師，但在台北市美術資優班導師的黃金時期，自行毅然決然提出自願退休。

愛妻更是琴棋書畫樣樣精通。婚前，在校彈奏風琴，另外拜師學鋼琴，民國六十年代嫁妝鋼琴一台，彈起風琴或鋼琴，有時加上優美歌唱聲，有時是土風舞翩翩起舞，生活調劑，享受生活；棋藝方面，專精跳棋，在家無敵手，幾乎完勝，手下留情，可是鼓勵；書寫方面，寫得一手好字，書法、硬筆字優美，早年必須刻鋼板出考試題目時，即使挺著大肚子，也要懇請她代勞；繪畫方面，學生時期水墨畫取勝，職場上的課餘，開始學西畫，包括粉彩、水彩與油畫，曾多次參加聯展。

年輕時，我倆都是手球教師代表隊，結婚以後，為家、為生活都很努力，星期例假日共同的喜好，就是晴天在外打網球，雨天在家拚桌球；卡拉ＯＫ興起以來，為五音不全的我，她經常教唱、陪唱、合唱流行歌曲，甚至兩人情歌對唱；退休以後，出雙入對的國內外旅遊，完全依賴她的精選與安排，極為高明的是參加年輕人的蜜月旅行團；近年疫情期間，幾乎住遍所有五星級大飯店，即使是隔街臨近的文華東方酒店也不放過；但是令她最為歡樂欣愉、難以忘懷的，莫過於歷次由中華航空公司國外首航邀請的特別旅遊。

當年在研習會上，「只因為在人群中多看了我一眼」遠嫁到台中市，生活在台北市，阻斷了她極有前景的地方教育行政仕途，而悉心呵護我考取會計師證書，卻從未執業賺錢的遺憾，有所虧欠，來生再見。

愛妻喜歡看泰戈爾的書，其中記下經典的一句：「我不能選擇那最好的，是那最好的選擇我。」珩佳在公私兩忙時分享此書，撫今追昔，百感交集，拭淚捧痛，勉己為序，敬請先進、大德斧正賜教！

自序

只要記得，永遠都在

雖說「無常是常」已是老生常談，但當生命中摯愛的人「斷崖式」的消失在我們生活，那種愛別離苦，仍是對生命的重擊，一不小心就會淹沒在哀傷深沉無盡思念的大海中，久久無法抬起頭換氣，幾近窒息。一直以來，母親是我精神支柱之所在，她的驟離，讓我的世界運轉一切戛然而止。

母親從倒下、入院、各種醫療決定、往生後的種種與告別式的安排，備受打擊的父親悲傷的難以思考，故冀望我能主導處理。從往生當天看著母親的所有生命徵象歸零，一直到羽化，我竟沒有掉一滴淚，就是認真的想把每件事都完滿的辦妥。那段時間，以為自己是忙得累得無力掉淚，當將母親骨灰植葬的那一刻，才驚覺摯愛的母親竟已歸為塵土，化作春泥，再也不能相見相談相擁，不禁嚎啕大哭，不能自已。也才看清，之前並非強作堅忍，也許是大腦的自我保護機制，無意識的讓自己成為旁觀者，好像道別的是他人，不是摯愛的母親。

只是當一切後事告一段落，回到位於赤道的僑居地雅加達，心冷身也冷，竟整整半年每天都需要穿毛衣，晚上蓋厚棉被才不覺得冷。每一天總要把日子過得極度疲憊才上床就寢，否則定會因極度思念輾轉反側，無法成眠。就算就寢，一晚仍會起身多次，好像以為起來就可從噩夢裡掙脫，回到從前。但更常的是迷濛幾秒稍清醒後，就更確認媽媽已經不在此塵世，並在淚中接受現實。如此反覆，一次又一次，一晚又一晚。

「眼睛看不到，不代表消失，只要記得，就永遠都在。」曾讀過這樣一句話，在這樣的時刻突然又浮現腦海。既然無法入睡，就起身吧。把對媽媽的記憶，媽媽說過的話、做過的事，在腦中一遍遍細細懷想，並記錄下來。寫著寫著，才更發現媽媽這一生的言教身教，對自己影響至深至廣，遠超過自己以往所感知，才更感受到自己何其有幸，在經歷人生許多大大小小的窪地低谷時，都有媽媽在旁以她獨有的方式守護著，每每讓我能有再度向前的力量。藉著書寫，在腦中、心中重溫了許多與媽媽相處的時光，想著她窮其一生為我們展現內蘊的溫暖智慧直至最後一刻，就算我仍無法望其項背，也該將之記下，繼續學習。

但願藉此書能與更多有緣的讀者分享，若媽媽的一句話，一個小故事，能讓讀者有些撫慰與鼓勵，或者帶來一些生命中的光亮，定是樂觀開朗與人為善的媽媽欣然所見。也藉此書分享愛寫字、愛畫畫的媽媽平日的一些筆記與作品，媽媽的字溫柔卻堅定有力，讀著，好像親耳聽她這麼說著，被安慰、被鼓舞；媽媽的畫真誠不造作，沒有華麗浮誇的筆工，只有真實的描繪出心中所感，看著，好像也由她帶領親眼同見，被世間之美浸潤。

一個個寫稿的深夜，是一次次療癒的過程。人生走一遭，若有幸能感受過「無條件的愛」，不論時間長短，都是幸事。幸福，幸福，曾經有過，就是幸福。對於母親為我們人生帶來的幸福，心中無限感恩。感謝親愛家人們在生命巨變中相互扶持，一起在人生路上繼續前行，感謝「天下文化」出版社，感同身受的鼓勵與支持，也感謝有緣能一起分享的讀者們。

媽媽曾寫下：「當日子成為回憶的一部分，一切都是甜美的。人生如蜜，是花開，是鳥鳴，是喜悅，是星閃，是日出，是歡欣。」是的，日子有酸甜苦辣，但回憶起來都是甜美的。

二〇二四年三月二十五日於雅加達

前言

愛，未曾遠離

這是外婆往生之後，媽媽書寫對外婆思念的文章標題，此文當時刊登於《聯合報》上。媽媽寫著：「坐在機上，望著窗外白雲朵朵，親愛的媽媽，您在哪裡？」沒想到整整二十年後，我也在機上，想著同樣的問題，感受著同樣的心情。

媽媽曾說，只要一思念外婆，就想起她笑咪咪的樣子，然後媽媽會學外婆笑咪咪的神情，對我微微一笑說：「如果有一天我離開了，不用立碑立牌什麼的，想念的時候，可以看看我的照片，想念我笑咪咪的樣子就好了。」

我問過媽媽，外公往生四十多年，外婆往生二十年，想起他們，會覺得記憶漸漸模糊嗎？媽媽溫柔卻堅定的回答：「不會，記憶非常鮮明。」以前我不懂，怎麼可能過了那麼久，記憶仍未稍曾磨滅？現在我知道，有愛的記憶，一定會鮮明，因為我們定會時時刻刻拿出來溫習。

有愛的記憶，在心裡，在腦海裡，帶給我們力量往前行，碰到困難挫折能自生撫慰的力量，孤獨時刻也能感受被愛包圍，寒冷時更能在心中自燃起熊熊的暖火。

這些，都是因為有愛。曾經被愛。

有天我問媽媽：「我覺得世界上最愛我的人是您，如果有一天您離開了，我怎麼辦？」媽媽溫柔的笑著說：「那麼，就記得曾有人這麼愛妳，就好了。」

前幾年，媽媽送了我一套杯盤，上面的圖案是我非常喜愛的龍貓（日本動畫家宮崎駿創作出來的可愛動物），讓我非常驚喜，愛不釋手！當時媽媽看著我說：「真抱歉，我從來沒有買過什麼精品或昂貴的東西給妳，只能買給妳這樣的東西。」我抱著媽媽說：「您給我的，遠遠，遠遠，勝過那些昂貴的東西啊！是多少錢都買不到的。」就像這套杯組，對我而言，它的價值不在於物品本身，而是想像媽媽一人走著走著，看到這套杯組知道女兒可能會喜愛，然後仔細挑選，再坐公車提回家，等待數月我飛回台灣後才能送給我。那份濃密又綿長的心意與愛，未曾因時空推移稍減。

自從開始工作經濟獨立後，只要看到喜愛的東西，我總喜歡買兩份，可能是一個可愛的冰箱磁貼、一個有到此一遊意義的鑰匙圈、一個有創意的杯子，或一塊美麗的絲巾、一條溫暖的圍巾、一頂實用的帽子、一件輕便的外套。一份給媽媽，一份給自己。對我而言，她不僅是母親，更是我在世上最好的朋友，總想著要與她分享我的喜愛。回想起來有些神奇的是，媽媽離世前幾週，她將這些東西整理起來拍照寄給我，訊息寫著：「我的東西已經好多了，真的足夠了，謝謝妳，以後妳就買給自己就好了。」

如今，真的是無法再買任何東西與她分享了。

更遺憾的是，沒能來得及跟她說，謝謝她送給我最最珍貴的，是從我呱呱墜地相識至今，她在生活與生命中所展現的智慧，帶給我無比的溫暖和力量，過去、現在、未來都是。是最親愛的媽媽讓我深刻感受到全世界最溫暖無私的愛。我會記得，自己曾這樣被深深愛著，保護著，照顧著，擁抱著。暖暖的。

唯一還能做的，就是這份愛，我將努力延續與傳遞。想想，這才是代代生命的價值所在吧。

媽媽畫贈我最喜愛的陽明山海芋田，希望藉此畫作讓我能時時看到心儀的美景，
現掛於雅加達辦公室。

輯一
至親至愛

媽媽的驟逝對我是沉重的打擊，但比起深陷傷心，
媽媽定然更希望看到我去發現、承接更多生命中的美好。
如果真有來世，我們能在天上或人間再度相遇，
願我們能一起共享更多的美好。

媽媽的話

像牛一樣
勤奮踏實，
像牧童一樣
悠閒自在。

從小我們的家規之一，是一定要吃了早餐才能出門，不論多早。所以學生時代看同學在路上買早餐邊走邊吃，或買到教室吃，偶會升起羨慕之心，覺得這樣看起來有自由的酷。這樣的家規，讓擔任老師需要每早七點出門上班的媽媽總是比我們起得更早，因為得先準備好全家的早餐和熱騰騰的午餐便當——除了弟弟與我的便當，身為公務員的父親與媽媽也是每天中午帶便當，十數年皆如此。

當時週六還需上班上課，媽媽只有週日可以稍事休息，但她還是照常準備。印象中唯一一次，是某個週日媽媽帶我們去家附近一家台式早餐店，當時第一次在外吃早餐（出門前已喝一大杯牛奶，因為空腹不可以出門），吃到漢堡與蛋餅，也許僅只一次，物以稀為貴，那份美味至今仍印象深刻。

弟弟與我都離家求學後，爸媽進入空巢期，但家規仍未改，媽媽準備早餐、父親與她的兩份便當，還加上新健康生活——每天早晨八蔬果，光是洗、削、切八種蔬果就要花上半個小時。這樣的生活習慣，媽媽仍延續至退休後。

有同樣經驗的人可以概略知道，光是這樣準備，每天清晨最少需要一個小時。如果剛好碰到一週兩次得上菜市場採買魚肉菜水果的日子，來回又要再多加一小時，如果再遇上媽媽輪值當導護老師，必須更早出門，起床時間勢必得再提早，春夏秋冬皆然。當時身在福中不知福，只知道每天起床早餐一定準備好在餐桌上，午餐便當也已裝好放在一旁。

國三那年，全年級留校晚自習至晚上九點，全班同學都統一訂便當，我是唯一一個天天有媽媽送熱便當當晚餐的孩子。當時媽媽擔任美術資優班導師，工作繁雜，卻在每天下午四點多下班後幫我準備熱騰騰有三菜一湯、雙份水果的三層便當，還要用幾乎小跑步的方式在每晚六點前趕抵教室門口將便當交給我，沒有一天遲到。國三繁重的課業壓力下，媽媽的便當是當時每天唯一的期待，心中對媽媽無限感激，常跟她說：「謝謝！真是辛苦了！」媽媽總輕鬆的笑回：「這些都很簡單啊。」

記得拚高中聯考那年，好幾次自己設訂鬧鐘四點起床晨讀，醒來後覺得肚子餓，汗顏的是，第一個念頭不是自己去準備，而是去拉拉還在沉睡中的媽媽的腳，問她能不能起床幫忙準備早餐？媽媽每每定然即刻起身，就算是冬天也沒有一刻多留戀溫暖被窩，媽媽起身後我就安心繼續讀書，沒多久就有美味營養的早餐。

媽媽總笑說自己年輕時是「愛睡覺的女孩」，但被我比平日更早喚醒卻從未有多

陽明山擎天崗上的牛。這裡是我們全家喜愛的出遊之地。

一秒的賴床，也從未有一絲不耐或抱怨。多年後，當我自己需要為孩子做同樣的事時，才真正體會這樣不間斷的過每一天，背後需要多強大的愛與毅力，也與媽媽口中的「簡單」實在相距甚遠。媽媽常自豪的開玩笑說：「當媽媽以後，我的字典裡沒有『賴床』這個辭好嗎！」

媽媽從學生時代給自己的格言是：「像牛一樣勤奮踏實，像牧童一樣悠閒自在。」是媽媽對自己嚴謹的自律，才撐起我們這個家庭看似平凡、平淡的幸福日常。除了自身的工作外，所有家事雜務對媽媽而言就只是踏實過日子的一部分。有時與她聯絡時我咕噥著：「好累喔，真不想煮飯。」媽媽就會笑答：「不煮怎麼有得吃？」其實，現在這個年代，當然還有許多方法有得吃，媽媽的話只是提醒我，要認真踏實過生活，不要養成抱怨的習慣，老實活在當下，做當做、需做的事。

從小看忙碌的媽媽永遠都是優雅從容，沒見過她急迫慌張的神情，長大後才明白，這全是來自她的高度自律，永遠預留更多的時間，讓自己不因著急而手忙腳亂。如果與人有約，她定比約定時間更早到達，不讓自己看起來匆忙狼狽，而是悠閒自在。這樣的自律也影響我們全家，至今我們與人有約，定然準時赴約或者提早，讓自己看起來氣定神閒，也是向對方表達尊重的基本禮節。

媽媽的身教讓我知道，要想有牧童般的悠閒自在，必先做到有如牛一般的勤奮踏實，而這需要有高度的自律做底氣才可得。

媽媽終其一生對她最喜愛的格言，做了最好的展現。

媽媽的話

微笑向前。

許多孩子在成長過程中常會被稱讚「可愛」，印象中，我連這樣的客套性美言都不曾得。

小時候爸媽帶我到衛生所打預防針，打針護士看看長相帥氣的爸爸，又看看美麗高雅的媽媽，竟然問：「這是你們的孩子嗎？你們長這麼好看，小孩怎麼長這樣？」幸好當時我還是聽不太懂人話的年紀，心裡不致受重傷。

有點屋漏偏逢連夜雨的是，小時候我還是個癩痢頭，頭上長了一顆顆膿包，有些鄰居小朋友，甚至大人手癢喜歡摳弄那些膿包，據後來親友描述，當時我的頭常常流膿流血的，看起來實在不「可人」。好在爸媽總說：「癩痢頭還是自己的孩子好。」一點也不以為意。「古錐」、「漂亮」這類給小女生的正面形容詞從沒用在我身上，就算是隻醜醜的小鴨，在爸媽溫暖的呵護中，我仍覺得自己是珍貴的。

但或許是因為從小媽媽常提醒我要微笑，對人需有禮，所以我最常被稱讚的是「面帶微笑、有禮貌」。長大後回想，媽媽希望教導我的，是內在的修養勝於外在的天生容貌吧。

尤其在升學壓力沉重的學生時期，心情終日緊繃，媽媽注意到後建議我，早晨起床刷牙洗臉時，不妨試著對鏡子微笑幾秒。當時不懂，但還是照做，幾次之後發現，就算是嘴角勉力拉出的微笑，幾秒後多少也能為心情帶來一些歡欣之感，不管當天有何挑戰，至少清晨有個好的開始，所以我至今仍維持這個習慣。久而久之，就算不是刻意，旁人常說我臉上看起來有笑意。

媽媽自己也如此身體力行。家附近的蔬果攤老闆娘曾說，每每看到媽媽自遠處走來，從她微笑的臉龐就能感受到一股喜悅的氣息，就算當時有愁眉不展的事，媽媽的微笑總能感染她，獲得短暫的喘息。有同感的還有附近鄰居、熟識的店家，甚至路上不相識的熱情長輩，擦身經過時都曾對媽媽的微笑帶來的愉悅表達讚賞。

當媽媽若不染髮幾乎已是整頭白髮的這些年，偶爾見她攬鏡自照說：「哇，頭髮全白，眼皮也下垂了，」接著又說：「頭髮白了沒關係，染黑就好。」再用手指拉了拉上眼皮，給自己一抹微笑：「如果十年後、二十年後回頭看現在，一定覺得現在很好，所以現在就是最好！」說完笑得更燦爛，眼神還閃著光芒。

對媽媽而言，人生的每個階段都是最好的階段，都值得她微笑前行。

媽媽常提醒我：「嘴角要向上，不要向下。」這是對己對人的尊重，也是給自己

台南後壁羊蹄甲花自行車步道。

多一些釋懷，少一些計較，縱使回不到當初，也不妨笑著揮手作別；如此才能遇見海闊天空

力量。其實人生哪可能事事順心，媽媽常說：「怎可能天天二九暝？（閩南語，除夕夜）」但是微笑也過一天，生氣傷心也過一天，如果可以，就盡可能選擇前者吧。

小時候被教導微笑是基本禮貌，長大後才知道，微笑是一種能力，知道何時該給自己鼓勵，或是給周遭的人一抹真誠的微笑。

加上因為自身經驗，很早我就學習到不該以貌取人，對所有有緣相遇之人都該有基本的尊重與禮節。記得剛到印尼之初，語言完全不通，溝通時比手畫腳詞不達意，卻總在互相微笑中達到溝通的真義。

與媽媽的最後一張合照，是獨自與她在加護病房時拍的。當時我握著媽媽的手，跟她說：「今生非常非常謝謝您！我們最後來自拍一張吧！」那張合影，雖然我臉上滿滿都是淚水還有鼻水，但我很刻意、很努力的讓嘴角揚起。媽

媽常說，雖然我的五官長得像爸爸，但笑起來像她，我多麼多麼希望她能再睜開眼與我一起微笑合照！不知是否巧合，自拍與說話時，媽媽的心跳血壓突然有變動，讓偵測的儀器發出了「嗶嗶嗶」的聲響。暗自揣想，或許是媽媽想讓我知道她聽到了，又或許是向來注重儀容的她在抗議插著管子的病容不適宜拍照？

媽媽曾說過，如果有天她離開了，想念時就記得她笑咪咪的樣子。我告訴媽媽，我會永遠記得她慈美的笑容，與帶著微笑向前行的勇氣與力量。我也會努力向她學習，讓自己的每個階段都成為人生最好的階段。

是的，就算艱難，也要記得給自己一個微笑，繼續向前。

媽媽的話

快樂不是給別人看的，
是活給自己的。

剛上高一與大一這兩個時期，可說是我學生時代特別彆扭的階段。

當時真切體驗到人外有人，舉目所見的同學們都是內外兼修、文武雙全，感覺每個人身上閃耀的光芒璀璨耀眼到讓我無法直視，相較之下自己真是平凡無奇。久而久之，心情漸漸變得灰暗低落。走在美麗的校園，感覺處處充滿歡樂的笑聲，自己卻深覺一無是處而愁眉不展，回家總是苦著臉。

媽媽探究原因後笑著說：「妳就做妳自己啊！別人很優秀那就優秀，考試考那麼多分也沒怎樣，很會玩又很會讀書很棒，但也沒怎樣啊！能從別人那裡有點學習也可以，不想學也沒關係。每個人都有自己的獨特之處，重要的是我們品格端正，會生活，能快樂，那才是最重要的！」當時在心中記下並反覆琢磨媽媽的話。

漸漸的，當看到周遭傑出的同儕，除了原來的羨慕，更多的是欣賞佩服，雖然因自身能力不足未必能做到見賢思齊，但卻也自然而然的接受每個人都是「獨一無二」的，無須攀比，心也因而更加開暢。

在一切以升學為導向的那個年代，媽媽很早就教導我，只有懂得生活，能自己覺得活得快樂才是最重要的。

記得讀小學時都是媽媽騎摩托車載我們上學放學，還在讀托兒所的弟弟坐前面，我坐後面。當時托兒所因為剛創立人手不足，需由家長輪流煮點心，所以幾乎一週一次，媽媽一早還要煮一大鍋綠豆湯或紅豆湯一起載到學校。

如果是風和日麗的天氣，在摩托車上聽媽媽哼著歌，或者一起聊聊天，吹吹風，這段路途倒也愉快愜意，但下雨天就不同了。母子女三人雖穿著雨衣，仍全身滴滴答答濕漉漉，好幾次到校後，腳上的鞋好像灌滿水的小船，又濕又重，到教室後襪子擰了又擰還是滴著水，尤其冬天穿在腳上更覺濕冷，小時候對於「雨衣在雨天無用」的感覺至今仍印象深刻。

這樣的接送方式持續將近六年。回想起來，最為辛苦的媽媽卻總是看起來很愉快。經過稻田，如果栽種了新苗，她會開心的說：「你們看看，一片綠油油的，好美啊！」看到藍天白雲、黃昏的晚霞，冬天的霧氣、金黃的稻浪，甚至稻禾上的露珠、輕拂的微風……，樣樣都能帶給她愉快的心情，並將這樣的快樂與我們分享。

有幾次學校老師看到媽媽這樣雙載，加上兩個小孩的書包和她自己上班的大包包，還有一大鍋點心，直說媽媽太辛苦。媽媽聽後總是笑笑說：「載自己小孩上學很人生的路上，我們都在奔跑，我們總在超越一些人，也總在被一些人超越。
人生的秘訣就是尋找一種最適合自己的速度，莫因疾進而不堪重負，莫因遲緩而空耗生命。

開心啊，這樣怎麼會辛苦？而且還會經過我們美麗的祕密通道（田間小路）對嗎？」媽媽就是有能力把生活活得快樂，不是給人看的那種快樂，而是自己真的覺得快樂。

媽媽總是告訴我，要能「自尋快樂」，還說這是一項重要的能力，不是別人覺得我們快樂，也不是被動等別人帶給我們快樂。比如多年前某個母親節前夕，有報社舉辦最相像母女比賽，獎品是純金打造的康乃馨別針。媽媽心血來潮將她與我的合照寄去參加比賽，竟然真的得獎，照片不但刊載於報章的母親節特刊，讓我們在平凡平淡的日子裡開心許久，那枚別具意義的康乃馨別針，媽媽更是常歡喜的配戴著去上班呢。

讀大學的某年春天，杜鵑花在整個校園盛

開。媽媽聽我描述杜鵑花「開得很暴力」，竟然被這樣新鮮的形容詞逗得哈哈大笑。那個週末她請我帶她到校園，說也想看看「開得很暴力」的杜鵑花。記得那天我們邊走邊用相機拍下許多照片（當時尚未有手機），撿花瓣排花瓣，母女玩得不亦樂乎。媽媽就是這樣在平凡日常自尋快樂，在生活中展現「快樂是活給自己的」。

就算已到了當「阿嬤」的年紀，媽媽創造快樂的方法仍是源源不絕。比如與她到新北投泡湯，毛毛細雨中，她心血來潮建議一起換上飯店提供的和服，還說：「我們就穿這樣出去走走吧！」當下我覺得有些難為情，但看媽媽興致勃勃也不好潑冷水，就硬著頭皮一起走到附近的溫泉博物館、北投圖書館等地，走著走著也漸漸感受到別有一番風味。

媽媽還興致高昂的找景點，並指導沒天分的我如何擺姿勢拍美照，邊走邊教邊拍邊笑，好像她才是年輕人，我是被她牽出來透氣的老太太。看著她這麼開心，我也突然覺得好開心！

又比如二〇一七年暑假，全家一起到日本迪士尼樂園，她讓孫子在園內商店幫全家選「團服」，然後興高采烈建議大家全部換上印有米奇米妮的可愛團服，大人們一

北投地熱谷。北投是我們母女喜愛的泡湯之地。

穿上心情頓時更加輕快雀躍，小孩看見大人們穿上自己選的衣服也覺得新鮮有趣（平時都是大人為他們選購衣服），讓那第一次，也是最後一次的共遊迪士尼留下更加歡樂的回憶。

又比如新冠疫情期間，好不容易經過漫長的隔離後全家在台灣相聚。為迎接聖誕佳節，讓大家相聚時也能感受佳節氣氛，媽媽特別買了充滿聖誕氣息的口罩發送給每個人，合照時也開心提醒大家一起把聖誕口罩戴上，說定要一起為這特別的一年留下特別的回憶。

媽媽總是有辦法自尋、創造快樂。

同樣的，媽媽說「幸福」也是。幸福感不是坐等別人給予，而是要自己創造爭取。記得我剛到雅加達時，因緣際會認識一些朋友，碰面時她們手拿的精品包與身穿的精品服飾好像走秀一般讓人目不暇給。當時年輕的我覺得很迷惘，知道價位後更讓我咋舌，自覺高攀不起這樣的妝扮，竟想著是不是應該考慮以贗品充場面？

媽媽知道後嚴肅的問我：「那些東西重要嗎？需要這樣比嗎？有，也可以，沒有，就算了。不要把時間金錢花在贗品，那些不代表什麼，只代表自己幼稚無聊的虛榮心。有虛榮心表示妳心中不覺得幸福、快樂。那麼就要去想，自己覺得怎樣的人生是幸福？然後自己去追尋、創造，不是等別人給。」

感謝媽媽的這番話，真是一語驚醒夢中人，讓我不再於虛榮的漩渦裡打轉沉溺，轉而關注追尋、創造自己心裡真正的幸福快樂。

媽媽的話

不要對過往的傷痛念念不忘。

我與弟弟的求學時期，國三是拚聯考的關鍵時刻，全學年都要留校晚自習到晚上九點才集體放學，那是一個辛苦卻仍相對單純的年代。但對愛運動的弟弟來說，在校熬坐一整天，每日最期待的就是放學後能在籃球場舒活筋骨，與球友廝殺，課業壓力愈沉重，對打球的渴望就愈大，因此愈接近聯考，晚自習後打球的時間就拉得愈長，甚至打到將近半夜，有時還得爸媽出門到球場尋他才回家。回家梳洗後還有課業須完成，第二天又得清早出門上學，這樣撐了一陣子，弟弟終於精神不濟，開始在課堂上打瞌睡，甚至趴下補眠。

可惜的是，在升學主義掛帥、競爭激烈的年代，當時沒能有一位老師有餘力多瞭解其中原委，並給予關心。某天，某位老師將弟弟從瞌睡中喊醒，當著全班面叫他罰站並吼問：「你是吸毒嗎？怎麼會白天睡覺？」有著青春期傲氣的弟弟氣不過被老師當眾誤解羞辱，故意一派輕鬆反問：「那又怎樣？」想當然耳老師後續對他施以更嚴厲的處罰，關於弟弟不好的傳聞於是在師生間加油添醋的散播開。當時原本模擬考在全學年排名前段的弟弟被這些愈傳愈滾愈誇張的謠言深深傷害，青少年的彆扭讓他不願辯駁，獨自默默承受，不用太久，就視上學為畏途，慢慢開始蹺課。

孩子蹺課，學校必須通知媽媽，當時媽媽任職的學校總務處只能透過全校廣播通知她，說孩子學校有急事找。媽媽上課上到一半心驚的快跑去接電話，知道弟弟蹺課，就算心神不寧，也需要完成分內工作才能去尋人，有時甚至尋到三更半夜，才帶著弟弟一起回家。

爸媽與弟弟談了又談，弟弟一次又一次鼓起勇氣重回學校，可惜學校整體環境與氛圍還是將年少的他打敗，他的內心惶恐，最終做了一個超乎我們意料之外的決定。聯考當天，媽媽與我帶著食物、水、冰毛巾等陪考，但考試鐘聲響起，弟弟卻不見了——他決定缺考。這對一直生活在規矩中的我們來說是無法想像的叛逆，也不懂為何努力這麼久，弟弟竟然自己放棄了。

之後的道路當然不平順，大家彷彿在迷霧中原地打轉，繞了一圈又一圈。缺席聯考後，弟弟開始聽不進任何人說的任何話，在那段不算短的少年徬徨時期，媽媽寫了一封又一封的信給他，希望能讓他感受到，不論發生什麼事，母親對他永遠的愛。媽媽說，總會有路走。那段時間，也常常看到媽媽用棉被蒙頭大哭，她哭得很傷心，但也聽得出她努力壓抑聲音，不想讓我們知道她的傷心，只要她從棉被中起身，就是一

都市老屋一隅。

切如常。

除了原本的工作與家務，媽媽又花了更多時間、精神，陪著弟弟摸索、探求所有可能的路，因為那對我們而言是完全陌生的一條路。後來幾經輾轉，弟弟在人生地不熟的異國重新出發，小小年紀一人在全然陌生的土地上，同時接受全新的課業與生活挑戰，包括受到種族歧視與校園霸凌的洗禮，過程艱難。偶爾他打電話回家，常是他在電話那頭委屈大哭，媽媽在電話這頭不捨啜泣，但數年後弟弟仍以優異成績取得世界知名大學的學士、碩士學位。

畢業那天，他流著淚對遠道飛來參加畢業典禮的我們說，是媽媽一封又一封的家書，讓他感受到全然的愛與支持，給他力量，讓他重新站起。也是那天，他才與我們分享國三那年在學校受到來自老師與同學的精神霸凌，我們聽著也不禁流淚，因為竟比當時所知更加嚴重。

心疼弟弟陰錯陽差繞遠路走，但媽媽說：「不要對過往的傷痛念念不忘，也不要對刺痛過你的人耿耿於懷。」人生旅程漫長而紛雜，哪能什麼都盡如己願？那些都過去了。因為這樣的經歷，我們或許才有更多意料之外的學習與成長，學得對他人的處境更體貼，心地更柔軟也更寬廣，真切體會人生不是只有一條路可走，條條大路都能通。

多一些釋懷，少一些計較，就算回不到當初，也不妨對那受傷的曾經笑著揮手作別，如此才能遇見海闊天空。弟弟現已能笑談當初的年少輕狂，媽媽總說弟弟是她心中的小王子，小王子早已長大，成為媽媽笑意盈盈眼中的驕傲。

老天都給剛剛好，
錢夠用就好。

從小到大，我從未央求爸媽為我買任何東西。記得小學五年級時第一次看同學用Hello Kitty自動筆時，覺得真是漂亮又精緻，心裡喜歡得不得了，但就算在百貨公司看見，摸了好久後還是將之放下，繼續用在校得獎的獎品「小天使鉛筆」。有什麼用什麼，其他玩具或裝飾品就更不用說了，也許，是從小看著爸媽身影所影響。

爸媽都是出身公教家庭，爸爸有六個兄弟姊妹，他開始工作後，最小的弟弟才出生，所以婚後薪水不但需要照顧自己的家庭，還要幫忙原生大家庭。媽媽有五個兄弟姊妹，擔任小學校長的外公，薪資是全家唯一的收入來源，所以外婆在家養雞、種菜、裁製衣物被褥等，只要是雙手能做的，都靠自己做。也許是因為這樣的成長背景，爸媽從建立小家庭之初就一直是勤儉持家。

成長過程中，印象最深的是夏天全家總是擠在一個房間睡覺。因為除非有客人，否則全家只開一台冷氣是家中不成文規定。盛夏夜晚的冷氣房裡，媽媽會與我們下跳棋、玩撲克牌，跟我們一起哼哼歌、聊聊天、講講故事，偶爾吃吃「百吉」冰棒，爸爸也會教我們下象棋、玩橋牌，大家總在嘻嘻哈哈的笑聲中進入夢鄉。當時很喜愛這樣全家在一起的緊密感，總是期待晚上開冷氣的時刻快點到來。長大後才明白，睡在同一個房間其實只是為了要省電費。

每年聖誕節，爸媽總會費心準備聖誕節禮物（雖然他們堅持禮物來自聖誕老公公，他們一點都不知情）。聖誕節一早起床拆禮物，是弟弟與我一年中最興奮的時刻，聖誕老公公從未讓我們失望，總是有美好的驚喜與對我們充滿愛與祝福的卡片。長大後回想，其實這些禮物大概就是我們剛好需要但卻沒有（比如寒冷冬天裡需要一雙手套），或者爸媽一整年所累積的小物，如百貨公司、教科書出版商的贈品等，再由爸爸巧手包裝，媽媽寫的自製卡片，就這樣，一年年成為弟弟與我最期待的大事。

小時候真的以為聖誕老公公神通廣大，如此瞭解我們的生活，總是給予最即時的鼓勵與祝福。我們的聖誕禮物從不是當時某些同學口中「進口的」或者「名牌的」禮物，但我們總是滿心感謝並珍惜。

還有許多大大小小的事，皆是為了節省家中開支的記憶，但我們當孩子的，卻從未感受到拮据，心中盡是滿滿的溫暖富足感。要讓孩子能如此感受，最重要的是母親發自內心的滿足與幸福，這些都不是外在表象可以偽裝出來的。是這樣的幸福感，感染了我們。

清境農場，家庭旅遊之地。

像是媽媽從年輕時對自己的期盼，是不讓自己看起來窮酸，但她從未奢求金銀珠寶或名牌精品來妝點自己。她總是用合宜的服飾，再加以簡單高雅的飾品、絲巾點綴，讓人賞心悅目，自悅也悅人。曾有媽媽的同事問她家裡是不是有請家事幫手，所以得暇如此優雅打扮？其實工作之外，家中大小事都是媽媽一手包辦，但她總能以最有效率的方式處理所有事，並確保符合自己的期盼，這是她的自我要求。

每年農曆過年，弟弟與我一定有新衣新鞋過新年，這是爸媽的堅持。長大後聽媽媽說起，才知道原來有好幾年，家裡根本無餘裕讓她可以為自己添購任何新衣，但兒時過年的回憶總是溫暖歡樂，我們竟也從未發現媽媽只是舊衣新搭。如果換作其他人，也許不免抱怨一番，但媽媽沒有一點負能量，總是開心過年，幾十年後再談起這些，也是輕鬆笑談，不是委屈討拍。

雖然對自己很節省，媽媽對所愛的家人、親友，甚至陌生人，都很大方。打開家中書桌抽屜，滿滿一疊都是媽媽對社會弱勢團體與慈善組織的捐款。路上聽到街頭藝人的演奏或是身障者的表演，媽媽定會駐足聆聽觀賞，表達欣賞之意後，再悄悄於打賞箱放入一百元起跳的打賞金。

媽媽的孫子在成長過程中，也常常收到她給的紅包——過年過節、成績進步、看起來長大了、要出國玩……通通可以成為給紅包的理由。媽媽總會在紅包袋上寫上溫暖的祝福，孫子們因被讚美也收得開開心心。我在一旁看得不安，因為知道媽媽一輩子公教薪水，再加上退休金又突然因為政策改變縮水，但媽媽不希望因此減少對孫子們的心意，為了讓我放心，她總會笑著說：「我錢很多好嗎！」說完還俏皮的跟我眨眨眼。

能夠讓我們安身立命的經濟是需要的，但媽媽今生以身教教導我們，「錢，夠用就好」，生命中有更多錢買不到的價值與意義。

媽媽的話

相信自己，
不跟人比高低，
只要自己
盡心盡力。

成長過程中，有許多次手握麥克風的機會。

人生首次站上台是讀幼稚園中班，老師要我代表參加說故事比賽，講的是「大野狼與七隻小白兔」，內容則是媽媽改編自家喻戶曉的「大野狼與七隻小羊」。當時就是聽著媽媽一遍又一遍說，慢慢記下，在家天天跟著媽媽練習。

只是比賽當天站上台，強光一打在身上，我就呆住，什麼話都說不出來，評審一直催促，我也吐不出一個字，然後眼淚就掉下來。為了不影響賽程，媽媽走上台將我牽下來，什麼都沒說，只記得她溫暖的手心帶給我的安全感。回家後媽媽溫柔的對我說：「練習這麼久，媽媽知道其實妳可以的，沒關係，以後有機會再試試。」一年後的幼稚園大班畢業典禮，老師指派我代表全部畢業生上台致詞，講稿是媽媽寫的，雖然當天媽媽因為公務未能到場參加，但這次上台致詞我一氣呵成，因為小小腦袋一直記得媽媽說：「妳可以的。」

小學二年級被老師指派代表班上參加說故事比賽，故事也是媽媽原創，同樣也是每晚媽媽陪著我練習，還為我設計手勢配合故事，雖然雙膝發抖著參賽，但那次獲得全年級第二名，心中「我可以的！」信心種籽似乎又更茁壯了一些。

小學六年級轉到新學校，竟旋即被導師選派代表參與國語文競賽朗讀組。記得媽媽每晚教我朗讀薄慶容老師的《給小風的信》，每天唸一兩篇，她特別注重我咬字的清晰與音調的抑揚頓挫，認真專業程度常常讓我忘了她是媽媽。那次校內比賽結果，出乎意料由我獲得第一名，但評審們討論後決定讓我與第二名再比一次，因為第二名同學去年曾代表學校參賽獲得全國國語文競賽朗讀冠軍，評審們覺得我這位新轉學生絕不可能在比賽中勝出。兩人抽題再比一次，總計成績最後還是我勝出，宣布結果時，現場竟沒有一點鼓勵的掌聲，更多的是評審老師們臉上的錯愕，與臉紅耳赤尷尬的我，好像自己犯了什麼不該犯的錯，沒有一絲得獎的喜悅。

複賽草草結束，事後我被告知結果如此，「只好」讓我代表學校參加全台北市比賽，但學校沒有資源幫我準備。回家後轉述給媽媽聽，她笑著說：「哇，能贏過全國冠軍，這麼厲害！哪有這樣比賽要比兩次，怎麼這麼不相信我女兒？沒關係，我們自己練。」聽媽媽這麼說，當下我才有了獲獎的喜悅與信心。

那天起，媽媽再次每晚找文章陪我朗讀，張曉風老師、陳幸蕙老師的文章都是練習範本。讀著讀著，反倒變成母女一起共享美好文章的時光。那次我獲得全台北市第

仿米勒作品「拾穗」，現掛於雅加達家中，提醒我們要時時心懷感恩，腳踏實地。

二名，也因而開始喜歡上閱讀散文。一年後的小學畢業典禮，由我代表畢業生致詞，那時我已不是之前那個擔心眾人眼光、自我懷疑的小女孩了，已能自信的穩穩拿著麥克風，回想起來，是媽媽呵護住我心中自信的種籽。

有時歷史會令人驚訝的再次重演。

高一時我被推派代表班級參加演講比賽，獲得全校第二名。學校派前兩名同學代表參加全台北市演講比賽，理應負責指導的國文老師把全副精神都放在第一名同學身上，對我則是不聞不問，我只能自立自強。比賽當天，第一輪先選出前六名，之後再進行決賽。沒想到我順利晉級，另一名同學沒能進入決賽，情緒激動的哭著跑離會場，負責指導訓練的國文老師為了安撫追了出去，我也趕緊跟在她們後面跑出去，竟眼見兩人乘著計程車離開，只剩我一人被獨自留在會場。

儘管當時心情慌亂，但我仍告訴自己先冷靜下來，要好好比完，最後我竟獲得台北市第一名！還記得當時不可思議的驚喜感受，可惜當下沒有人能分享。那天回家後告訴媽媽比賽結果，她開心的抱住我，直說：「好棒！好棒！」那一刻我才真正感受到得獎的喜悅。

這段準備期間，指導老師事不關己的冷漠態度曾讓我感到困惑沮喪，媽媽知道後一派輕鬆的鼓勵我：「沒關係啊，我們自己練。」得獎後，媽媽說：「妳看，自己努力也可以的！相信自己，不用抱怨，不要與別人比較條件高低，只要自己盡心盡力就好。這樣就可以了。」

這個比賽後，學校選派我為每日朝會與各種大會的司儀，也因為這些經歷，大三那一年我還被遴選主持台灣大學畢業典禮。在這之後，我更不害怕拿麥克風了。這一切都要感謝媽媽，始終以溫柔的愛與堅定的信心支持著我。

此後遇到各種挑戰，不論條件環境如何，總想起媽媽發亮的眼神對我說：「妳可以的！」她總是相信我，讓我也相信自己。就連近年閒暇時我喜歡練習咖啡拉花，她看我分享的照片竟很認真的對我說：「繼續練，妳一定可以練成世界冠軍！」雖然自知程度仍相差甚遠，連機器人拉的拉花都不如，但聽到媽媽鼓勵的當下，感覺好像「拉花冠軍獎盃」已勝券在握。

只要盡心盡力，所遇難關雖非定能破解，至少能大事化小；只要努力過，至少我們問心無愧。

媽媽的話

人們說我做了什麼不要緊，要緊的是我到底做了什麼。

高三拚聯考那一年，睡眠幾乎每天不足，能涉獵課外讀物的時間更是少得可憐。強調五育均衡的母校北一女中也不會因為聯考而犧牲其他活動，所以每天都被課業、考試及各項活動壓得沉甸甸。媽媽看在眼裡，偶爾提醒我：「看點別的書吧，與考試無關的。」當時覺得那句話，才是與我忙碌緊湊的生活無關。

有天晚自習後回家，媽媽交給我一本用釘書機釘著的自製小冊子，大小約是A4紙對半，冊子封面是媽媽的筆跡，寫著「智慧小語」。我好奇的翻開，整本都是媽媽手抄而成，內容則是古今中外名人說過或寫下的話語，每一頁有三到四句不等，如「人們說我做了些什麼不要緊，要緊的是我到底做了些什麼」（赫伯特）、「人生的光榮，不在永不失敗，而在於能夠屢仆屢起」（拿破崙）……，當下我如獲至寶，一口氣看到最後一頁，在充滿升學壓力的緊張日子裡，這些精簡的佳言，頓時讓我思緒抽離、心情舒緩，感覺獲得最高級的自由喘息時光。

或許媽媽看出我身心因此獲得短暫舒展，之後幾乎每兩週就會再給我一本新冊子，寫滿她看書親手抄下的佳句。這些小冊子讓我愛不釋手，不只因為能在最短時間以最有效率的方式汲取前人智慧，精神也獲得極大的鼓勵，就現實面而言，這些智慧佳句也能幫助我提升作文的內容。還記得大學聯考考國文那日，我帶著溫習惡補的不是課本，而是這些媽媽手寫的小冊子。

一直以來，媽媽看重生活中的智慧遠勝於課業成績的優劣。

記得高一第一次段考，我的數學成績只有六十二分，當時導師特別約媽媽到校談話，大意是導師自己是數學專科老師，而我身為班長，數學成績竟是全班倒數，這樣會讓她很難為，要嘛我的數學成績必須有長足進步，要嘛就不應該當班長。當時我也在旁，聽得臉紅耳熱覺得很難為情，也覺得竟因此讓媽媽蒙羞，非常自責，心裡還在琢磨：班長是同學選出來的，我該怎麼辦呢？

記得老師說完，媽媽只簡單回了一句：「喔，這樣啊。」回家路上我難過得哭出來，只聽媽媽在旁說：「真是莫名其妙，明明就及格了，及格就好，多那麼多分要幹什麼？」我以為自己聽錯了，看著媽媽，她以為我沒聽清楚，又再說一遍：「及格就好，沒什麼好哭的！下次老師再叫我來，我也不一定要來。」我掉著淚說：「這次段考滿分是一百一十分，所以我可能不算及格。」媽媽回說：「蛤？滿分幹嘛還要多十分？」以現在的網路用語來說，媽媽的回答就叫「歪樓」，媽媽偶爾會有的「歪樓」

花蓮理想大地，家庭旅遊之地。

式回答，至今我仍不知道她是有意或無意（也永遠無法知道了），卻總以一個意想不到的方式安慰了我——如果媽媽覺得這不重要，那麼也許是我看得太過嚴重了。

無獨有偶，大學一年級，我的必修科目「微積分」被老師以五十七分當掉了，雖然當時這位以嚴苛出名的教授當了全班三分之二同學，但一上大學就被當掉對我還是很嚴重的打擊。記得公布成績那日，我特別跑到數學系辦公室找教授，希望有補救方法，但教授臉色鐵青的說：「給妳這樣的成績已經很好了。」當時覺得萬念俱灰，數學系辦就在台大著名的醉月湖畔，我邊哭邊繞著醉月湖走，走了幾圈，竟然還想著是不是該跳下去了結丟臉的自己。

無奈不諳水性的我著實膽小，最後只好找公共電話打回家，向接電話的媽媽哭訴：「我微積分被當掉了。」電話那頭傳來媽媽平靜的聲音：「當掉怎樣嗎？」「我覺得很丟臉，一直在想要不要跳醉月湖？」媽媽想也不想很酷的馬上回：「莫無聊！（閩南語）快回家啦！」「老師當掉三分之二的人，可是沒想到我會在裡面。」只聽媽媽回說：「一個教授教到大家都聽不懂，應該是他要檢討怎麼教成這樣！」媽媽又一次「歪樓」，讓我自然而然擦乾淚回家了。回家後，媽媽還搖著頭對我補一句：「教成安捏（閩南語）也能當教授喔？」然後我竟然開始與媽媽聊起那位教授的奇聞軼事，都忘了自己被當。

是啊，別人給我幾分其實並不重要，重要的是自己怎麼看，就像媽媽寫給我智慧小語的第一句：「人們說我做了些什麼不要緊，要緊的是我到底做了些什麼。」自己的生活，自己的努力，只有自己最清楚。

媽媽的佳句小冊一直是我很珍視的寶貝，後來也隨著我移居他鄉，偶爾仍會將之取出翻閱，總會找到能對應自己當時心境的人生智慧，看著媽媽娟秀的字跡，恍如她正在身旁諄諄提醒著。

媽媽的話

記住該記住的，
忘記該忘記的。

大三那年，系上舉辦一場「工管之夜」表演活動，我力邀媽媽來觀賞，當時她仍在學校工作，下班後回家特地梳整一番，穿上最正式的套裝前來。同學們對於還有家長會來參加大學生的活動都覺得很有趣，趁著活動開始前的空檔紛紛過來與媽媽致意打招呼。天性開朗的媽媽也開心的與大家聊天、互動，一下就與同學打成一片，如果不是她身上那套正式服裝，我幾乎忘了她是媽媽。也是那晚，她一次認識了班上好多同學，大家自我介紹名字，沒想到她真的將名字一一記下。之後若有機會見到同學們，媽媽竟也能叫出名字打招呼，而且從沒有搞錯對象，無論是在餐廳、公車、路上，甚至是在機場遇見我的同學們，她都能叫出名字。

甚至是大學畢業後幾年，有次一位在銀行工作的同學被分派到外面衝業績，正想向路過的一位婦女推銷時，只聽見對方突然說：「你是某某某嗎？」同學嚇了一跳，這位婦女馬上自我介紹說是我的媽媽。事後同學與我聯繫分享此事，對媽媽的記憶力敬佩不已。

不只大學同學，要好的國中同學、高中同學、研究所同學，只要我有提過，媽媽都會記得每個名字與我曾分享的每個故事，完全不需要「前情提要」，也從不會搞混，就連只有我們同學之間的暱稱她都記得，也會跟著叫，好友們覺得她很可愛又很不可思議，從此視「賴媽媽」為偶像。

不只是我的朋友，弟弟從小學到研究所較常聯絡的同學們、父親從年輕時期至今的友人，甚至對方的伴侶，只要父親分享過，媽媽也都記得一清二楚。更有甚者，媽媽手足們的摯友也都常存在她腦中的記憶體裡，總能清楚記得哪位手足的哪位朋友的哪些事。

有了孫子以後，連孫子分享的趣事她都印象深刻。

像是有次與孫子視訊，他剛好在吃某美國品牌三明治，就跟阿嬤分享這家三明治應該怎麼點才好吃。之後某天媽媽路過該三明治位於台北的某分店，就照著孫子教的方式點餐，還拍照傳給他看，讓他很驚喜——沒想到自己隨口分享的事情，阿嬤竟然記得這麼清楚。

父親工作忙碌，家中大小雜事都是媽媽一手包辦，該整理的、該繳費的、該聯絡的、該郵寄的，總是處理得井井有條，從未出過任何差錯，也從不會延遲。以往總以為是媽媽特別聰明，可以記住所有事——我們分享的人與事，以及所有需要她處理

墾丁帆船石，兒時大家族旅遊之地。

有一種東西不可利用，那就是善良
有一種東西不可玩弄，那就是信任
有一種東西不可欺騙，那就是感情
有一種東西不可愚弄，那就是真誠

的大小事。後來才慢慢明白，這與聰明與否並無太大關聯，只是存乎一心而已。

深愛的人所分享的任何事，媽媽不只入耳，更入她的腦與心。總是耐心的、溫柔著傾聽，不任意打斷，也不隨意批判。不論遇到什麼事，與媽媽說話就是最好的療癒——感覺有人聽、有人懂、有人在意、有人以寬闊的愛包容著——因此不感孤單、不覺低落、不怕挫折。外面的世界再冷，媽媽就像家中生著火的暖爐，坐在她身旁，就感到溫暖的，安全的，平和的，被愛著。

媽媽的日記寫著：「記住該記住的，忘記該忘記的。」是的，我們都會記住，媽媽將我們的生命活成她生命的一部分，一直感受著我們的感受，深深愛著我們。

現在輪到我們該要記住，媽媽已成我們生命的一部分，我們更要努力讓這樣的生命溫暖有光，記住該記得的、值得記得的，那些會讓我們打從心底冷得打哆嗦又灰暗的人事，就邊走邊丟吧！媽媽已為我們的心中暖爐添了這麼多柴火，至少該讓這小小暖爐繼續暖和著，如果有天也能成為身旁人的暖爐，那就更好了！

彼此祝福，
不要擔心。

第一次獨自離家遠行，就是到美國讀研究所。自己拉著兩個大皮箱，背著背包，由媽媽陪著搭交通車到機場，爸爸則因工作繁忙未能來送機。就這樣，我獨自出關。當時過海關後的長廊隔著玻璃，還可看到送機大廳，媽媽就站在玻璃另一頭，看到我經過時，對我比大拇指「按讚」，我心情緊張忐忑，站在玻璃這頭看著媽媽，不禁掉下眼淚。媽媽沒有說什麼，只是紅著眼眶，繼續微笑對我比讚，左手右手輪流一按再按，我知道，她是要鼓勵我「加油！」

我一路掉著淚直到上飛機，雖然一道別就開始思念，卻只能按捺在心中。飛美東的時間很長，掉淚的時間也很長，直到下機前，重複想著媽媽對我按讚的神情——雖有些許對未知的憂慮，但更多的是對我的信心與祝福，突然感覺充滿力量，告訴自己不要害怕，向前行，加油！

沒想到獨居異國不到兩週，對新環境還尚未熟悉，所在城市竟然發生了據說是百年來最大的龍捲風。這是成長過程中第一次親眼見到龍捲風，說親眼見到好像也不對，因為就身處在龍捲風路徑內，還記得當時深夜掀開窗簾，什麼也看不到，真的是暗得伸手不見五指，原本宿舍周遭明亮的路燈連一點點光芒都沒有，只聽到從窗隙傳來暴風狂捲的呼嘯聲，有些驚嚇的我也只能趕緊躲到床上，像隻小烏龜一樣從頭到腳把自己縮在棉被裡。

不知是何時睡著的，醒來時天已亮，看著窗外的樹、路燈、電線杆等幾乎全倒了，周遭竟有一半以上的宿舍屋頂整個被掀開，有些學生躲在衣櫃或是趴在浴缸內才得以逃過一劫，但仍有學生不幸重傷。雖然水電瓦斯等全斷了，但我住的宿舍屋頂還在已屬萬幸。

接下來兩天，學校將全部宿舍學生重新安置，原本就還沒適應，臨時得搬移住處更加混亂，加上開學後人生首次面臨全英語環境，神經更加緊繃。打電話回家跟爸媽分享整個龍捲風經過，只聽媽媽語氣平穩說：「好喔，過了就好，祝妳開學順利，沒問題的！」雖然只是一句短短的祝福，頓時竟讓我身心安定，感覺真的不會有問題。

日後談起我才知道，原來這個超大龍捲風也上了台灣新聞，播出的傷亡與毀壞場面讓人看了怵目驚心，媽媽說，她看了後飯吃到一半就吃不下，擔心我一人在那裡不知怎麼辦？但轉而一想，這麼遙遠，她根本幫不上任何忙，所以她能給我的，就是祝福。

仿莫內畫作，媽媽自許要如此優雅從容。

媽媽總說我這個孩子從小沒有叛逆期，但唯一一次叛逆就很嚴重——突然告訴她決定與研究所同學印尼華人結婚，嫁到印尼雅加達。二十多年前的雅加達遠不及現在的現代感與國際化，印尼排華暴動的印象仍深刻刻印在大家腦海中，再加上先生的家庭是非常傳統的東南亞華人大家庭，文化與台灣大不相同，父母的擔憂不言可喻。所有知道我決定的親友全跌破眼鏡，每個人都直接或間接的阻止我做傻事。與我最親近的媽媽卻只說：「結婚前，我跟妳去一趟雅加達看看好嗎？」畢竟印尼對當時的我們而言如此陌生，但年輕的我只想著「大事要自己決定」，斷然拒絕提議，媽媽默然，沒有再說什麼。

爸媽第一次來到雅加達，就是參加我的婚禮。結婚前一晚媽媽與我同床而眠，一早，我被哭聲吵醒，原來媽媽正從背後環抱著我，哭得很傷心，不知已哭了多久。睡眼迷濛中我也轉過身抱住她，笑著拍拍她說：「有這麼嚴重嗎？」媽媽又哭了一陣，然後擦乾淚，什麼都沒說。起床後我們開始準備一整天的結婚流程，媽媽看著一切，眼神盡是溫柔，或許還有擔憂，但她沒吐露這樣的心情。那晚婚禮結束後，她只對我說：「媽媽祝福妳。」

婚後不久，我覺得自己好像瞭解那天媽媽的眼淚了。大小環境中有太多太多我想都沒想過的挑戰，搞得自己不僅十二指腸潰瘍，還身心俱疲。有智慧的媽媽一定早就預想到我將面對的困境了，她心疼我們將分隔兩地、心疼我必須獨自面對陌生土地上的一切，她的眼淚是不捨。但媽媽說，她不要擔心我。她說：「聖嚴法師說過：『愛你的孩子，與其擔心，不如祝福吧！』所以我祝福妳。」

自己當母親後，更深刻體會媽媽的想法、感受與眼淚。與所有母親一樣，養育兒女的過程，至今也經歷了各種擔憂。在我為孩子煩惱時，媽媽總會告訴我：「不要擔心，祝福他們吧。」這句話穩定了我的心與情緒，也漸漸學習成為一個不容易情緒失控的母親。許多心理學家都說過，我們擔心的事其實有八成不會發生。擔心的確耗神，但願我也能像媽媽一樣，成為孩子最溫暖的港灣，永遠是孩子最大的祝福力量。

媽媽的話

能像小孩盡情享樂，
能像成人處理事情。

如果攤開在美國讀研究所兩年媽媽寫給我的所有信件，幾乎有一半左右，內容定會提到，要我不要給自己壓力，放輕鬆，如有朋友邀約一起去旅遊或參加活動，有時間就多去看看，體驗在不同國度的不同生活面向與文化，讓自己的視野更開闊，這才是出國深造意義之所在。千萬不要為了想拿到好成績或是獲得學術上的榮耀，將所有時間精神放在課業上，拒絕這樣的機會。雖然讀研究所時有學校提供的獎學金與擔任學校助教的薪水（生活雜費補助），讓家中經濟負擔相對較輕，但像媽媽這樣鼓勵小孩多玩多看，不要一直讀書的，大概算是少數。

回想起來，自己曾參與過較刺激的活動，像是坐三百六十度旋轉的雲霄飛車、水上摩托車、高空拖曳傘等，都是小學六年級第一次跟媽媽出國到香港與泰國，媽媽一直鼓勵我乘坐的。我的膽子小，看什麼活動都覺得可怕，當時媽媽也是首次面對這些新奇的活動，卻好奇興奮的像個孩子，「既然來了，我們就試試看。」媽媽向來給我足夠的安全感，當時心中雖然害怕，但想著有媽媽一起應該沒問題吧，所以鼓起勇氣通通嘗試了。過程中雖不免驚恐，比如載著我騎水上摩托車的泰國男孩騎得又快又遠，竟把車飆到完全看不到同團團員的海域，讓我差點哭出來，還好頑皮的他最後還是騎回集合點。

高中時，媽媽帶弟弟與我第一次到日本迪士尼樂園，那時候已經開始吃高血壓藥的媽媽，還興高采烈的帶著我們坐最驚險的「太空山」（類似雲霄飛車）。為了營造人類對廣大太空的無知感，整個設施都是在室內伸手不見五指的黑暗中進行，記得我嚇到全程閉眼，結束時媽媽開心的問：「你們有沒有看到滿天的星空啊？真是漂亮！」知道我竟然沒張開過眼，笑說真是可惜。

至今我仍未看過媽媽所說「太空山」內美麗的星空，因為就算有機會再次造訪，我還是沒有勇氣乘坐。事實上，我曾玩過可以用來說嘴自己當年勇的刺激活動，也只有與媽媽一起體驗過的這兩次，之後再也沒有勇氣嘗試了。算了一下，媽媽當時已是中年，但該玩樂時，她完全像個孩子，如此純粹盡興！

學生時期的家書中，讓媽媽著墨許多的還有人際問題。「閒談莫論人是非，也不必去聽別人的閒言閒語，自己心中有把尺，行得正，就不管別人說什麼。要有大格局，不要讓小事紛擾心情，也不要怕寂寞，去找人打混，是非就多。」畢業入社會後，媽媽提點我最多的也在此。

金瓜石。此為媽媽、我與女兒祖孫三人第一次也是最後一次小旅行。
一直覺得媽媽的題字或許道出她心中的雙關之意。

職場總會有一些八卦，媽媽總說一切姑且聽之，但不去談論。若有言及自己的，想想其真確度，是否有值得自己反省之處？若有，改之，若無，一笑置之。人世間事情已多，不必盡在無意義的瑣事中攪和。人畢竟不是完美的，難免有爭議之處，有時獨處時的自省，勝過混在大堆人群中的言談。

很感謝媽媽從學生時期就帶領我建立這樣自處的底氣。記得自己女兒小學高年級轉到新學校，不知為何遭到地頭蛇「大姐頭」的霸凌，不但編造出許多謊言故意以訛傳訛，還恐嚇同學們必須選邊站，選擇和女兒同邊者永不可再進入大姐頭的圈圈，許多同學迫於勢力故與女兒切割。

女兒剛到新環境遇此難題，向我哭訴自己遭排擠想要轉回原校。轉學這件大事是我們家庭多次討論共同決定，但碰到這樣的情事實非在預想內。我與女兒分享媽媽的提點，如果自己的言行確有需要反省之處，就藉機學習改進，見賢思齊，見不賢內自省，但如果是他人嚼舌根胡亂說些不負責的言語，就無須掛心。雖有「三人成虎」的風險，但「德不孤，必有鄰」，必定會有德行相近的人可以彼此理解，找到聲氣相投的朋友。我告訴女兒不要擔心，就算暫時都無人理解也沒關係，在學校自己一人也沒關係，「媽媽一定站在妳這邊。」

沒想到不到兩個月，女兒就分享，有幾位同學不顧「恐嚇」，對她展現善意，學期末，最令她驚訝的是「大姐頭」透過其他同學轉達歉意，並詢問是否可以當朋友？女兒也大方的給予正面回應。她開心不是因為這些新交的「朋友」，而是覺得我的分享驗證成功了。中學時當她又碰到類似的情境，已能有不慌不亂的自信。

「能像小孩盡情享樂，能像成人處理事情，能像老人寬容態度」，這不只是在美國求學時媽媽寫給我家書中的提醒，她更希望我時時好好檢視自己是否做到？只能說我一直在練習，希望自己有一天能大聲對媽媽說：「我做到了！」

媽媽的話

家門永遠為你開。

聽起來可能難以置信，就讀研究所與先生交往時，我們彼此從未探詢過對方的家庭背景。直到畢業典禮，來參加的父親第一次見到我交往的對象，知道對方來自印尼，只見他眉頭深鎖的問我：「知道他父母的工作嗎？」我才驚覺自己竟然完全不知，馬上詢問後得到的回答是：「我爸爸是『做鐵』的。」

「做鐵？」我想起兒時家中附近那種小小家庭工廠，工人們戴著保護面具在「焊鐵」，還會噴出小小火花……，又想起他曾告訴我，他的父親只給一年學費讀研究所（研究所課程為兩年），連生活費都沒有，需要自己賺，所以他才會邊讀書邊打四份工……。啊呀，原來如此，我恍然大悟，然後告訴父親，交往對象的爸爸是做焊鐵的工人，看著爸爸愈來愈嚴肅的神情，我還故作輕鬆說：「您看他是不是很努力呀？」

與先生初交往時，他原本一直強調已在國外求學與工作多年，「不可能再回印尼。」沒想到畢業後，來自父母對長子的強烈要求，最後還是飛回雅加達工作，於是我們開始遠距戀愛，兩年後他提議是否邁向婚姻？不知為何，當時的我瞬間變成只用單細胞思考的生物，竟不顧父母的憂慮，選擇答應結婚並移居雅加達一年。不用多久，我就發現自己從父母呵護的「掌上明珠」，變成陌生土地大家庭裡的箭靶，而且這個大家庭與原本設想的竟有諸多不同之處。

總感恩自己是在父母滿滿愛中長大的孩子，但其實這樣的孩子很容易誤以為每個人都是好人，世界都是美好的。結婚後照著台灣傳統思想，滿心將夫家所有人當成自己的家人，老實說也是別無選擇，因為在工作、生活完全歸零的印尼，因婚姻而建立起的人際網路是我當下僅有的一切。但婚後一年，當我鼓起勇氣，想與視之如父親般尊敬的公公，訴說大家庭內我認為不公不妥的事情時，他聽都沒聽完，只冷冷又堅定的回了一句：「妳是長媳，有什麼苦，吞進去！」

當下我愣住了，就是感覺自己已吞了好多，都快滿出來了啊，但我也明白了，我的感受對他們而言實在無關緊要。

當時沒有即時通訊軟體，我打電話回家，叫了一聲「媽」就哭出來，什麼也說不下去。電話那頭的媽媽什麼都沒問，只說了一句：「家裡的大門永遠為妳開，隨時都可以回來。」靜默了一陣，我就掛電話了。如果我覺得苦，真正苦我所苦的也只有愛我勝過愛己的媽媽，那麼我的訴苦只是讓她也苦。我告訴自己，自己的選擇，自己承擔，沒道理再讓媽媽與我一起擔。

媽媽畫父親哄睡剛出生不久的孫子（小兒）。

年輕時因為沒有預想過許多枝枝節節可能帶來的問題與壓力，好幾次重新思考婚姻的意義。有次自己覺得做了最終決定，想事先告知媽媽，還道歉說：「這樣會讓您們丟臉吧。」媽媽想都不想就回我：「丟什麼臉？有什麼臉好丟？要那些臉做什麼？最重要是妳要開心。不用管別人怎麼想，我不在意！」

不同於許多長輩重視顏面、瞻前顧後，媽媽的「阿莎力」，以及永遠無條件支持我的任何決定，反而讓我思考再三。這才發現自己的種種考量，竟忽略了婚姻中的主角——一直支持我做自己的先生。反覆思量，婚姻中覺得辛苦的，其實是自己將那些該是生命中枝微末節的事放得太大，鑽牛角尖，又想面面俱到、處處討好。其實何必呢？許多苦多半是自找的。

想清楚了，我開始漸漸收整精神心力，專心於生活中其他必要的挑戰。雖然大小難題仍不斷，但心清明了，心力也較能集中。這當然不是簡單的過程，需要反覆的練習，最重要的是，知道永遠有一扇會為我打開的門，心中有溫暖、有倚靠、有力量。

回想起青少年時的弟弟，當他被師長同學冷眼冷語的霸凌時，我永遠記得媽媽在深夜為弟弟開門的神情——溫柔、不捨，以及終於放下的心，沒有任何責備，就是為心中或許也覺得徬徨的兒子開門，讓他回家，讓他休息。

媽媽雖然離開了，那份溫柔的力量感覺一直都在。現在我也身為母親，但仍在學習成為那股溫柔的力量，當家人不論在外受到什麼挫折，希望自己也能告訴他們：

「別擔心，家裡的門永遠為你開。」

媽媽的話

人生的快樂是
走自己的路，
看自己的景。

從小我是生長在規矩裡的孩子，對前途沒有什麼想法，每一步都是跟著升學主義的方向走，不做他想，人生第一次選了條大岔路走，就是因為婚姻。

據媽媽說，當時她參加同學會，同學們分享著有些兒女定居美加、紐澳、歐洲等地，媽媽一說女兒在印尼，全場面面相覷，靜默一陣後才有人說：「可憐喔，怎麼這樣？」還安慰她：「沒關係啦，應該一下子就會回來了。」

不只媽媽參加同學會有這樣的尷尬，我自己參加大學同學會，許久未聯繫的同學問：「聽說妳在印度？」我說：「是印尼啦。」同學說：「沒差啦，就那一塊。」我心想，明明地理位置差很多，怎麼叫「那一塊」呢？後來我才理解，在當時絕大部分國人眼中，印象中特別落後的那些東南亞與南亞國家，統稱「那一塊」。

老實說，婚前原本說好只在印尼待一年，後來因為種種因素必須在此定居時，心中真是惶惶不安，因為所有的工作與生活規劃都必須因時因地制宜而重新調整。我像是忽然被風吹落此地的一顆種籽，在一切都陌生的環境下掙扎求存，每天都在是否該「毅然回台」或「釋然落地」間搖擺。

看著同輩朋友在熟悉的環境、安定的生活中一階一階往上走，已花了好多時間精神的我卻仍在原地搖擺徘徊，心慌意亂。看著在台灣友人們假日多易歡聚，我卻似頭在陌生大環境（國度）與陌生小環境（夫家家族）中的困獸，在截然不同的文化中孤獨生活。

這段時間，我常想起媽媽說的：「人生的快樂，是走自己的路，看自己的景。」如果決定留下，就不需看別人在走什麼路；既然選擇走一條不同的路，定然也會看到不同的風景。無論如何都必須往前走，不是被別人或自己困住。說起來不難，但我卻花了好幾年時間不斷反覆提醒自己。

初到印尼認識的一些友人，幾乎天天約我去按摩、做臉、吃飯、逛街、參加派對等，她們認為這是在印尼享受生活的方式。當時我不到三十歲，想著父母生養我、與之前自己幾十年的努力，應非嚮往在這樣的年紀過這樣悠哉的日子。又想著許多還在奮進的同齡者，如若這樣過生活，我心中非但無法舒坦，反而感覺汗顏沉重。

到雅加達的第一個月，雖然語言不通，我仍積極找適合、喜歡的工作，幸運的很快獲得錄用。朝八晚六的工作，雖有在陌生環境中重新學習的壓力，但也因而認識不同的當地友人，更快的學習當地語言，也更能理解較真實的當地文化。比起「太太」

武陵農場盛開的櫻花，讓媽媽驚艷不已。

（印尼俗語，泛指經濟無虞、不需工作的女士們）的生活，更讓我感到雀躍有趣。只是在那些初識的友人眼中，我不是同道，是走在自己路上的獨行者。

有了孩子後，自己選擇的路更顯孤獨與異類。在印尼社會，幾乎只要是中產階級（或以上），家中定會雇用幫手或保母來幫忙家事或照顧孩子，我卻兩者皆捨。蠟燭兩頭燒，自己身心疲累不堪，本以為是咬著牙根傳承台灣女性的傳統美德，沒想到在此非但沒有人欣賞這樣的「苦勞」，反多有冷嘲熱諷。印尼社交圈甚至有人直接對著推嬰兒車來參加邀宴的我說：「妳是在演什麼？當別人都不知道怎麼當媽媽嗎？」公婆看著我也是常搖頭，幾次指著我對旁人說：「不知道她是傻還是瘋？」

一人獨行的路上，難免感到孤單，也會對己產生懷疑。此時支持我的只有媽媽一人。每次電話聯絡，她總是鼓勵我：「自己的孩子如能自己帶，多好呀！辛苦就幾年，孩子一下就大了。」

多年後回想，或許當時有年輕的傻勁，又被高中校歌歌詞「家事國事一肩雙挑」洗腦多年吧，但幸好堅持下來，我在心中蒐集到許多親子間微小卻美好的時刻，這是只有屬於我與家人的記憶，生命中珍貴的祕密連結。

每個人選擇的人生道路皆不同，沒有絕對好壞。人生的快樂，是走自己的路，看自己的景，也無須與他人攀比，因為每條路上雖各有崎嶇，也定有翻越山谷後的遼闊景色，甘苦冷暖自知。媽媽一直是我心中的榜樣，她總是專注於走在自己選擇的路上，欣賞珍惜沿途風光，並為自己創造屬於這條路上的快樂與幸福。

媽媽的話

盡分盡責。

第一次準備當媽媽時，因為種種因素，在法定孕婦不准飛行的前一日，決定從雅加達飛到新加坡待產，媽媽則是在預產期前兩日搭機到新加坡，準備陪伴我生產和坐月子。預產期當天，因為遲遲沒有動靜，我決定去醫院請醫師檢查，排隊等候半天，沒想到醫師一看就說需直接入院準備生產。

一陣慌亂中，我隨著醫護指示更衣準備，媽媽則一人坐在產房外等待。當時無智慧型手機可消磨時間，媽媽的隨身小包也只放了一台旅遊用的輕便相機，再加上所有醫護人員講的是她並不熟悉的英語，至今我仍不知道她到底如何獨自度過在醫院的那幾個小時。

孩子出生後媽媽進到產房，先是心疼的看看我是否無恙，再滿是歡喜的看著她的第一個孫子。當時的我沒有多餘心力為剛到新加坡的媽媽做任何安排，但沒想到第二天清晨天色仍暗，她已拉著菜籃車走了將近半小時到當地傳統市場買食材，再拖著菜籃車走半小時上坡路回到住處，開始為我料理月子餐。天一亮，我剛睡醒，媽媽已經煮了魚湯、炒豬肝等帶到醫院。

當時我如獲「天食」（人界無與倫比之美味妙食），因為新加坡醫院提供冷三明治當產後第一餐，與婦產科醫師一早要我去「沖涼」等不同文化，都讓我頗受驚嚇。事後也才知道，當晚媽媽不但鼓起勇氣獨自住在不熟悉的住處，還在沒有任何人幫忙的情況下，將當天相機所拍照片儲存到桌上型電腦，再發電子郵件並附上照片給家人親友們，分享當阿嬤的喜悅。滿頭大汗搞了大半夜，最終成功發信也讓她覺得有點得意。那天早上我得以享用「天食」，傍晚媽媽又從住處再帶來幾道美味的月子餐與水果，在醫院的那幾天都是如此。

三天後出院回到住處，原本我們預約了一位「月子婆」（新加坡華人）來家中幫忙（當時新加坡並無坐月子中心），媽媽將客房讓出給她睡，自己卻在書房打地鋪，因為她說別人來幫忙要讓人家吃好睡好。沒想到，這位月子婆的「月子餐」口味又油又鹹，非常不符合我們的飲食習慣，更出乎意料的是，她將媽媽清早去菜市場採購，再辛苦走上坡路買回來的食材，大部分都用來煮給自己吃。更有甚者，當媽媽拉著菜籃車要出門時，她還會要媽媽幫她買兩份報紙、帶瓶鮮奶。

晚上本說好由她幫忙照顧嬰兒，她竟每晚九點就把嬰兒交給我們，說自己睏了，嬰兒吵也不一定能聽到，問我們這樣可以接受嗎？當時我身心俱疲，加上覺得受騙

媽媽畫孫女（小女）週歲之時。

還要共住一屋，一股悶氣湧上，只覺氣急攻心，媽媽聽完只告訴我：「妳安心休息，不用擔心，我來照顧。」

就這樣，媽媽每晚負責照顧嬰兒，白天還要負責煮我的月子餐，因為月子婆不但不接受建議，還說：「妳們那種台灣口味我不會。」這樣過了兩週，月子婆竟還說再兩週就要農曆新年了，她需要提早一週回家準備。當時我整個怔住，覺得這人厚顏至此也非常人所及。媽媽馬上建議我，直接讓她走吧，談好的錢也照約定給她，不用再有瓜葛。對這樣的人，媽媽仍堅持心存厚道。我聽從媽媽建議，因為與月子婆住一起，我們需樣樣遷就，但她帶給我們的，只有怒氣並無旁的。

就這樣，媽媽又繼續幫我坐月子，煮餐，帶孩子，安撫我因為當時一些煩雜人事所帶來的負面情緒，還要鼓勵我，陪我談天說笑。最重要的是，媽媽如此辛勞，卻沒有一絲抱怨或怒氣，一次都沒有，就這樣陪著我安然度過月子期間，我不但身心恢復強健，也因媽媽在旁，幸運的躲過產後憂鬱。

日後回想，對於在新加坡坐月子一事，因為自己瞭解不足，加上安排準備不周，竟讓遠道而來又人生地不熟的媽媽擔起全部重責，心中實在愧疚萬千。多年後跟媽媽提起，媽媽只說：「那有什麼，全都過了。妳是我女兒，我當然要照顧妳，那是我孫女，我當然要照顧她。」

在媽媽心中，她只是「盡分盡責」，但在我心中，她總是比分內之責做了更多更多！包括她人生中的每個角色，與在各個角色上擔起的許多事，在我們眼中都是望塵莫及，但對媽媽而言卻都只是開心做，歡喜受，基本的盡分盡責罷了。

媽媽的話

不要過分牢記傷心，記得要去接住生命中的美好時刻。

婚後移居雅加達的生活雖然大小挑戰不斷，但第一次讓我覺得身心煎熬到幾近極限的，是懷第二胎數月後飛到新加坡產檢，醫師說孩子腦部似乎有狀況時。當時醫師說，這是她行醫三十多年來所見的第三例，前兩例皆是出生後即不一般的辛苦孩子，但也擔心自己判斷有誤，還特別引薦我到另兩位醫界翹楚再次檢查。

另兩位醫師可能因為我檢查時淚眼汪汪，皆未明說檢查結果，只是要我照顧好自己，吃好睡好，不要多想。其中一位印度裔醫師還說：「想想以前的人類哪有這些產檢？都是生出來才知道，其實產檢都是多餘，一切是老天的安排決定。」兩位醫師模稜兩可的安慰似乎已間接告知我情況，當時只覺得晴天霹靂，人生中第一次足足哭了兩天，從有眼淚哭到流不出淚。

這樣的檢查結果，除了先生知道，我只告知父母，無法再向旁人提起，因為每每思及就如一把利刃刺向自己。這段時間，就連一般的關心問候都讓我避之惟恐不及，心中所思都是如何因應孩子出生後的巨大變化，與將面臨的挑戰。每晚都是在淚水中睡去，每天清晨又是在淚水中醒來，日復一日。

孕期三十二週即將到達法定無法飛行的時間，思來想去，考量後續可能需要的支援，決定帶著女兒回台灣待產。當媽媽見到我，先給我大大的擁抱，眼睛充滿淚水，卻忍住沒有流下，也沒有多說什麼。

回到台灣的第一次產檢，醫師的判斷與新加坡醫師相似，除此之外，更檢查出如妊娠糖尿等問題，再加上我又反覆高燒與數次不穩徵狀，都讓醫師特別在病歷上注記需要觀察，尤其是胎兒腦部變化檢查。回台後原本稍微安穩的情緒旋即又陷入沮喪，眼淚總不由自主的流出。

媽媽看在眼中，卻一派輕鬆的告訴我：「不要為還沒到來的事煩惱，最重要的是妳現在的身體狀況。」在台灣的每一天，媽媽總為我準備三餐，務求營養均衡，不油不膩不甜，並兼顧我的喜好。她知道因為醫師建議等諸多考量，從小「重吃」的我現在多了許多禁忌，更加影響情緒，所以希望至少我無須再為飲食傷神。回想起來，當時媽媽每天用心準備的飲食，的確是那段低潮生活中，讓我偶能打起精神的泉源。

那些日子媽媽總提醒我：「不要過分牢記傷心，記得要去接住生命中的美好時刻。」希望我不要陷在灰色的情緒裡，要我試著做點自己喜歡的事，像是上山走走看看喜愛的海芋與山林、去博物館或美術館看看喜愛的展覽、到圖書館或書店翻翻新

媽媽畫孫子（小兒）週歲之時。

書、出外散步多觀察注意大自然中生命的奇蹟……，她幾乎停下平時自己所有的計畫與活動，除了幫忙照顧我另一個讀托兒所的孩子，就是陪著我，有時說說話，有時就是靜靜的一起走著，一起看著。

那段不算短的時間，我的淚水就像壞掉的水龍頭，無時無刻就突然狂瀉，一方面因身心承受的巨大壓力，另一方面又深深感動並感謝這樣的母女情緣，感受著心有靈犀的陪伴與全然無我的呵護。回想起來，這是我生命中最美好的時期之一，我該要好好珍惜，但我卻讓傷心煩憂的淚水全然淹沒了自己的眼與心，看到的只有迷濛灰暗。

人算不如天算，返台不到三週，孩子突然於第三十五週提早報到。一出生就按醫師特別注記，被送去做腦部超音波檢查，沒想到所有重要數據竟都落在正常範圍內。這結果讓我們無法置信，雖然孩子因提早出世仍需要特別照護，但我心中只有滿滿、滿滿的感恩。

這整段孕期我的體重只增加不到九公斤，母子均安，除了謝天，更感謝媽媽的費心勞力。是媽媽的悉心呵護，我才能順利走過那段時間的煎熬，身心平安。其實，媽媽的不安與擔憂或者更甚於我，但是她收斂隱藏這些負面情緒，只專注的帶領、陪伴我，要我傷心低落時，仍要記得去尋找、發現，並接住生命中的美好時刻。這是我生命中重要的一課，深銘於心，不敢也不會忘記。

如今，媽媽的驟逝對我是更沉重的打擊，常感到自己孤單的陷入一片灰暗之中，看不到方向。以往是媽媽在旁陪伴引領，現在只剩自己。但我知道，比起一直深陷傷心，媽媽定然更希望看到我去發現、創造、承接更多生命中的美好。如果真有來世，也許有一天，我們能在天上或人間再度相遇，到時願我們能一起共享更多的美好。

媽媽的話

用真心講實話，
用好心講好話。

婚後先生的原生家庭對我而言，有一個很特別的文化衝擊，就是每個人講話時，一定會加句：「我發誓。」短短一段話，也許就要說兩三次，有時還會加上「發誓」的手勢以表誠意。

從小到大，這句話沒有在我們家庭對話出現過，感覺是電視劇裡才有的台詞，現在卻活生生出現在身邊。對大家說話的「重口味」，我剛開始覺得有趣，但沒多久就發現，就算是舉著手「發誓」，事後證明常是空話，甚至反話。這對我也算是另種震撼教育——為了要取得信任，所以「發誓」強調，但有時會破功，惡性循環之下，只能一而再、再而三的發誓。

反觀自己生長的家庭，父母手足所言，對於彼此說的話，從無須懷疑真偽，或對話中是否隱藏弦外之音需「再做思考」。因為說了即是，說話算話，是從小媽媽給我們的言教身教，簡單明瞭。

第一次感受到媽媽對於說出口的話有無比的堅持，是四歲時有次與媽媽一起上傳統菜市場，當時看到市場內給小孩乘坐的流動娛樂設施，說什麼都想玩，不管怎麼鬧，媽媽都不答應，那是第一次媽媽嚴肅的對我說：「再這樣亂吵，我們就回家。」

我小小腦袋瓜想著，媽媽騎了那麼遠的摩托車才來到市場，不可能這樣就回家，再吵一下應該有志者事竟成吧。於是我繼續吵鬧，沒想到媽媽二話不說，牽著我往反方向走，然後真的騎著摩托車把我載回家，交給爸爸，只輕輕說一句：「她在市場吵鬧。」之後又騎著摩托車回市場。

小時候很期待跟媽媽上菜市場，因為有得吃有得看，熱鬧又有趣，那天卻出乎意料的失去機會，不但沒玩到，連吃喝逛都沒了，還因為在大庭廣眾之下吵鬧，有史以來第一次被父親懲罰，印象實在深刻。但從此更加確認，溫柔的媽媽說話算話，說到做到。

在這樣環境成長，我自然而然成為「人無信則不立」的信仰者，時時提醒自己言出必行，做個讓人可信任的人。從小只要是我答應的事，一定努力做到，如果自知無法達成，必不輕言許諾。也許正因如此，小學至國、高中共十二年，年年皆被同學們選為班長。師長同學們對我的評語多是「可以信任」，對我而言，這只是媽媽給我的基本家庭教育——「人無信，不知其可也。」

至今在工作上，不論是對內如公司同仁，或是對外如銀行、廠商或者任何第三方，只要我給出的承諾，都定然盡力而為，久而久之，雖非刻意，自然而然累積了讓

花蓮清澈的溪流，媽媽與父親同遊之地。

我感謝也珍惜的無形資產——他人對於我的信任。只要有信任做基礎，不論是溝通或是執行都能更有效率。其實出社會後，我才發現這並非是人人對己的基本要求，故若能遇到持有相同價值觀者，必格外尊敬重視。

媽媽曾寫過一段文字與我分享：「有一種東西不可利用，那就是善良；有一種東西不可玩弄，那就是信任；有一種東西不可欺騙，那就是感情；有一種東西不可愚弄，那就是真誠。否則，你會失去真正對你好的人，失去後，將不再回來。」對於在生命中的所有相遇，我永遠記得媽媽的分享。

成為母親後，更希望將自己從小因信任產生的安心傳遞給孩子，為孩子們築起一個溫暖安全的避風港，不管外面的世界如何，家裡就是一個可舒心展現真實自己的地方。曾聽就讀小學的小兒與同學們爭論某事，當同學們懷疑說：「你怎麼知道？」小兒一副理所當然說：「我媽媽說的，我媽媽從來不會騙人！」哇，能得到稚子如此信任，好像被御賜了一塊大大的金牌，更感欣慰的是，沒有愧對媽媽傳承於我的基本價值。同時也要感謝先生屬於原生家庭內較「特立獨行」、不會亂發誓的「異類」，故在我們小家庭中，互相信任的基本價值得以建立並固守。

除了說話算話，媽媽也提醒：「要用真心說實話，用好心講好話。」以最平常的例子來說，當我換了髮型，媽媽覺得好看時，她總不吝對我說：「水喔！」如果她只是輕輕說：「嗯，妳自己喜歡就好。」我就知道她不以為然。她用真心說實話，不胡亂誇讚也不隨意批評，因為中肯，家人們總是特別喜歡尋求她的意見，我們因為她的真心稱讚而歡喜，或者內斂提點而警覺卻不感受傷。

學生時代常聽同學們說自己媽媽「嘮叨」，幸運的是，媽媽是個從不嘮叨的人，因為不想讓人覺得煩，自己也覺得多餘。再重要的事，就是說一次，很少長篇大論，就是挑重點說。所以只要她開口，我們就是認真聽，好好記下。自己當媽媽之後，才知道要「不嘮叨」是多麼大的挑戰。據說媽媽兒時的綽號叫「ㄍㄧㄚˇ ㄍㄧㄚˋ」（形容吵雜的聲音）源自於她活潑愛講話，旁人聽起來就是一直「ㄍㄧㄚˇ ㄍㄧㄚˋ」「ㄍㄧㄚˇ ㄍㄧㄚˋ」說個不停。若真如此，那麼可見得成長過程中，媽媽定是透過不斷的學習與智慧的累積，才成為日後能以如此身教展現教導我的母親。

媽媽的言語皆非經過特別思慮，就是言如其人，真誠厚道，內外合一。多麼希望還有機會問問媽媽，她到底是怎麼做到的？但現在只能自己自省摸索了……

媽媽的話

知命，不是認命。

記得剛到印尼的第一年，第一次到峇里島出差，會議結束後，原本預計搭隔天一早七點半的班機飛回雅加達，不料當天抵達機場後，飛機卻因機械問題延誤起飛。當地航空公司只告知：「再等一下，修好就會告知可起飛。」也因此許多乘客和我一樣選擇等待，不改航班時間，而且每隔一個小時就會被告知：「再等一下就好了……」沒想到，這一等竟等到晚上八點，飛機都還沒修好，而其他飛雅加達的飛機早已飛走好幾班了。

等待這麼久，航空公司只在中午時發了等值一美金的餐費補貼，供大家在機場內使用。愈等愈不耐，同班乘客開始暴跳如雷，大吵大鬧，當下我只覺得又餓又累，卻莫可奈何，因為這些實非我個人可控因素，當下決定離開，不願在此一起吵鬧，而且這班飛機就算今晚能修好，我也不想搭了。

向櫃檯辦理相關手續後，我拖著行李到機場外叫計程車。當時人生地不熟，語言也不通，也無法像現在用智慧型手機即時查詢資訊，只記得當時跟計程車司機說，請載我到最近的飯店。車子駛離機場途中竟又下起大雨，視線不佳，說實在有些緊張，開始有點懊惱是不是該在機場繼續等下去，好在沒多久司機就說到了。

臨時入住飯店，不但有空房，浴室浴缸旁竟還放有一瓶粗鹽與一小缸玫瑰花瓣可供泡澡。那是我第一次知道原來還可以用花瓣泡澡，覺得新奇又開心，霎時間完全忘了一整天的疲累。

事後回想，在機場等待這麼長時間，許多乘客焦躁不耐，吵鬧者更不在少數，相對之下，我接受了當時所面臨的狀況，慢慢等待時，多逛了逛機場，也多看了看周遭每一位，看了點書，也想了一些事，心中雖然無奈，卻無暴怒等太激動、太負面的情緒，之後還泡了人生首次玫瑰花瓣澡，自覺浪漫開心得不得了，想著若不是這樣的突發狀況，大概也沒有這種機會，突然覺得一切安排都有其道理。想來，我定是被媽媽「知命，不是認命」的想法與態度潛移默化了。隔天一早，太陽出來了，到機場報到，飛機也順利起飛了。

媽媽很常說：「這是老天爺的事。」「謝謝老天！」比如出遊，不論是好天氣或剛好遇到陰雨天，她絕不會讓天氣左右心情，因為天氣是「老天爺的事」，超出我們能力可控範疇。天氣晴朗，旅途順暢，自是心情愉悅，但天氣濕陰，她也總能換種心情，不受影響。

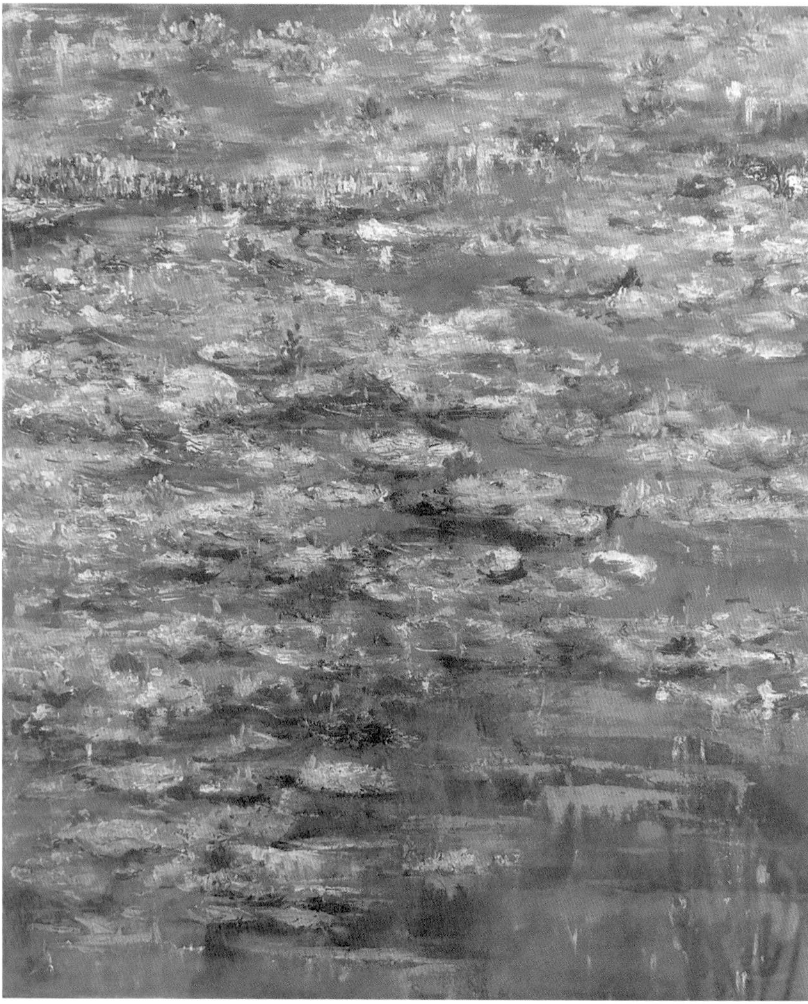

仿莫內作品「睡蓮」，媽媽很喜歡莫內的作品。

媽媽離開人世前三個月，到台東池上參加「秋收稻穗藝術節」，這是她嚮往多年的活動，因緣際會終於成行。在遼闊的天地、金黃的稻浪中，聽周華健等歌手唱著歌，她開心得不得了，特別視訊我，說要讓我一起看看、聽聽，說這樣多美好！視訊中，我看到她身披雨衣，頭髮眼鏡都被雨水淋濕了，一般人大概不免覺得掃興，但媽媽開心的笑說：「哈哈，剛好下雨，沒關係，妳看，這麼美，這麼涼，有好聽的歌，還有大地當舞台，實在太棒了！」她的興奮感染了遠方的我，想著有一天也想一起去看去聽！這個心願我仍放在心中，如果有天成行了，但願媽媽也在天上開心的與我一起唱和。

媽媽的處事態度如此，也影響了我們。家人們偶會遇到不順心的處境，只要確認此非我們自身可控因素，總能從媽媽看似雲淡風輕，實則安慰鼓勵的話語，得到撫慰與力量。媽媽的「知命」不是消極，而是積極的，積極努力的將超出自己可控的現況做最妥善的處理安排。法鼓山創辦人聖嚴法師曾提點我們，面對問題有四它：「面對它、接受它、處理它、放下它。」我從媽媽身上學習到的是，「積極面對、淡然接受，勇於處理，輕輕放下」。

印象中，外婆最喜歡提的往事之一，就是媽媽一出生就被產婆打屁股說：「又是女生！」媽媽笑說，從小她就是在夾縫中求生存的孩子，前面有一位長姊，是兩大家族的第一個孫子，出生即長得玲瓏可愛，自是備受關注疼愛。媽媽出生後隔年，外婆生了長男，在傳統家庭中更受珍愛重視。媽媽印象最深的童年往事，就是有次外婆牽著長姊與她、背著弟弟上菜市場，小小的媽媽吵著要外婆抱，外婆一氣之下就順手拿了個菜籃倒蓋在媽媽頭上，然後逕自牽著姊姊、背著弟弟快步離開。媽媽笑說，從此她養成「老二哲學」，出生時既已底定這樣的排行，不須爭強好勝也不強出頭，靜靜過著自己的生活，但想辦法將生活過得好。

媽媽的「老二哲學」——知命不認命，對我而言，其實是最有智慧的生活哲學。

媽媽的話

孩子是孩子，

你是你。

某年酷夏，全家在北台灣家庭旅遊，開車塞了好久，終於抵達一處美麗的海邊，碧海藍天加上白淨的沙灘甚是迷人，只是酷熱的陽光沒有一絲一毫的收斂。即便如此，因為車程遙遠，到達後全家人還是決定下車，勉力走在熾熱的陽光下與燙腳的沙灘上，看看風景、拍拍照。

彼時正值青春期的女兒撐著一把黑洋傘，兩腳杵在車旁，說熱得很不舒服，一步也不願意走。大家特意開這麼遠的車，就是為了帶沒來過的她到此一遊，結果她只隨意瞄一眼就因太熱卻步。我心想「子不教，母之過」，好說歹說，最後幾乎要強拉著她走，血壓也在熾熱陽光下感覺快要爆衝頭頂，但她仍不為所動。此時媽媽走過來，輕輕的跟我說：「沒關係，隨她，都好。」我只好放下執念，逕自走向海邊，靜觀遼闊天地與潮來潮往，心中漸漸舒暢起來，遙望女兒，她已自己撐著陽傘走到鄰近高處，也同樣靜靜的看著海天。雖然不似我走近大海，但從高處眺望或許視野更遼闊，也有另番景色。

我想著，如果不是媽媽的及時解救，或許女兒與我都會因此一整天不快，無法靜心觀賞美麗風景，費心到此也是枉然。女兒沒聽從我的建議，卻能另尋觀景之處，兼顧自己意願，或許如此更好。

教養孩子的路上，媽媽常常提醒我，孩子是有別於我們的獨立個體，若看到品格言行有不適或偏差，當然須及時引導，除此之外，「孩子是孩子，妳是妳，妳不是他，他不是妳。可以提醒，但不要強求。」這句話對我常如即時警鐘，當與孩子意見不同時，只要想起這個提醒，多數時候會自己緊急煞車，反省是否又將自己想法與做法強加於孩子身上？如能隨時記得我們是相繫但實為各自獨立的生命個體，許多可能發生的親子衝突會因而減緩。媽媽說，尤其對青少年，「要關心，不要擔心，要誘導，不要控制，用商量，不用權威。」

有時不免與孩子意見相左，如中學時在學校課業選擇與課外活動安排上，身為母親不免希望多給自己孩子「最好的」建議，但孩子卻不一定買單，與孩子拉鋸時容易感到困惑與挫折，媽媽聽我分享後總說：「他們這樣想也可以呀！不要把孩子教成只能和妳有一樣的想法，沒有不同的想法，腦筋就是死的。」孩子們成長過程中，多虧有媽媽這樣的提點，讓我們大幅減少了許多可能產生親子衝突的機會。孩子們總覺得外婆「很酷」，想法心胸與眼界都比他們的媽媽先進開闊，我實在無法否認這樣的事

媽媽畫獨自在高處撐傘靜靜看海的孫女（小女）。

實，只好時時鞭策自己謹記於心並加緊努力。

細細回想，從小到大，媽媽從未對我有任何「望女成鳳」的要求，當然更不會有代她追求夢想、彌補遺憾這樣的推力。自己何其幸運，從小媽媽總是尊重我的想法、做法與生命中的大小抉擇，從未聽她說過：「我以前如何如何，為何妳現在如何如何？」不論她是否理解與同意，就是給予支持與祝福。

那次旅遊返家，媽媽依著那日側拍的女兒撐傘照，畫了一幅畫，畫題為「無妨」。她將此畫寄給我，我看了不禁莞爾。是啊，過後再回想起來，真是無妨，現在我們對那片海都留有美好的回憶。如果當時我對女兒疾言厲色，記憶定非如此。

很多時候，真的，無妨。

悲傷的時候，我閱讀，
悲傷就離開了．

無知的時候，我閱讀，
心智就清醒了．

快樂的時候，我閱讀，
快樂就放大了．

激動的時候，我閱讀，
平靜就升起了．

孤獨的時候，我閱讀，
知音就來了．

任何時刻
翻開一本好書
靜靜閱讀
全世界都在我腦海心中．
閱讀千風．巷弄川流

媽媽的話

不要拿自己的鞋子叫別人穿。

〈幸福時刻〉

媽媽的話：人生的快樂，是走自己的路，看自己的風景。

——賴珩佳 2024.6

天下文化《人間最美的相遇 寫給母親的深情書》

弟弟十四歲就隻身到外國求學，之後留在當地工作將近二十年，我自己也因婚後移居雅加達二十多年，有相當長的時間，爸媽的生活就是兩人互相扶持。前些年看著他們年歲漸長，偶爾不免遇到緊急狀況需要有人幫忙處理，簡單者如家中電腦或手機嚴重當機，讓他們二人急需使用時卻束手無策，較嚴重者如爸爸突然在浴室滑倒、頭撞到門檻受傷流血。弟弟與我都是在爸媽兩人自己七手八腳將事情處理好後才得知，卻總是遠水救不了近火，心中不免愧疚。

有次與媽媽視訊，我說：「我想建議弟弟要不要考慮搬回台灣，可以就近方便照顧您們。」媽媽不加思索問我：「那妳要搬回來嗎？」老實說，雖然我心中非常盼望，但考量若搬回需要處理的諸多事宜，還是讓我啞口了三秒，媽媽看出我的遲疑，直說：「妳自己做不到的事，不要叫別人去做。就算是妳的弟弟，他有自己的想法規劃，妳自己也做不到的事，連提都不應該向他提。」媽媽的語氣平順，語意與眼神卻非常堅定，與媽媽談天一向輕鬆，這樣少有的嚴肅時刻震懾了我。

「不叫別人做自己做不到的事，不要拿自己的鞋子叫別人穿。」媽媽從不只是說說，而是實際做到。面對有著不同思考模式與文化的先生時，她也是如此包容。

先生來自印尼華人家庭，在新加坡成長，雖也算是在廣義的「中華文化」環境中長大，但與在台灣的我們還是有不小差異。記得婚後第一次回台灣，爸媽慎重其事的前來接機，要搬行李到後車廂時，原本先生要搬，爸爸習慣性的用對待客人的禮貌說：「我來，我來。」先生竟然就「尊敬順從」的說：「喔，好。」放手讓爸爸自行抬行李。當時我看得臉紅耳熱，對父親深感抱歉，快步向前要幫忙，只是身手矯健的父親當然也沒給我機會，媽媽在一旁的表情以現在的話來形容，就是「白眼翻到後腦勺」，不過這件事爸媽並沒有放在心上，很快就開心的與久違的我們話家常。

這麼多年來，先生類似這樣完全不懂「台灣女婿傳統美德」的言行，的確讓我有些苦惱，一方面覺得對不起自己的父母，他們明明都是尊敬愛護長輩之人，卻因我得此女婿一枚，另一方面爸媽千交代萬交代，絕對不要去教先生怎麼做，因為他已是成年人，不需遵照我們的想法，如果願意，可以自己觀察自己學習，否則多說無益，徒增困擾。做為丈人岳母，爸媽從未對先生「指導」過任何事情，做為不同國家的人，也從未在先生面前說：「在我們台灣是如何如何……」，對於這位「外子」，他們給予絕對的尊重，尊重他是有不同文化、不同想法的個人，從未用傳統長輩對晚輩的

媽媽與父親赴荷蘭旅遊後畫下的當地美景。

「威權」教導或要求他什麼。

回想起來，公婆與先生當年來台灣提親下聘時也是如此。事前爸媽依照台灣古禮準備了給女婿的六樣回禮，比如手錶、皮帶、領帶等。當時他們一抵達台灣，婆婆告知，印尼華人傳統的聘禮是五十個蘋果、五十顆橘子與兩公斤糖果，她說糖果已經從印尼帶來，想請我隔日帶她去水果行買蘋果、橘子，才能帶到我們家提親。

這樣的「聘禮」真是前所未聞，當時我有些氣急敗壞的問爸媽，是不是應該告知，依照台灣傳統，他們也該準備六樣聘禮才是？爸媽不加思索說：「千萬不用，他們照他們的，我們照我們的，各自覺得好就好。」因為各隨所意，提親過程氣氛融洽，但收到獨樹一格的「聘禮」，實在印象深刻。

讓人欣慰的是，果如爸媽所料，先生在觀察中不斷學習，近年來已較符合我個人心中的期盼，看著他可以與媽媽輕鬆對坐嗑瓜子喝茶聊天，逗得媽媽哈哈大笑，也會在飄雨時主動堅持要自己開車送媽媽去她要去的地方，擔心她淋濕或腳滑危險，讓媽媽笑回說：「有進步，袂穤喔（閩南語，不錯喔）。」看著媽媽眼神中滿足的笑意，對於沒能為爸媽找到一個好女婿的歉意才稍稍緩減。

不要拿自己的鞋子叫別人穿，
也不要把別人的問題變成自己的問題

還有一次是婚後首度邀媽媽到家中小住幾天，某晚先生與我為了討論一事，各持己見僵持不下，眼看緊張衝突氣氛漸升，此時媽媽突然從天外飛來一筆，拿出一盒她從台灣帶來的磁性跳棋組問先生：「你會下跳棋嗎？」雖然我知道媽媽喜愛下跳棋，而且整個大家族無人能出其右，但她將跳棋放在行李箱一起帶來仍讓我吃了一驚。先生從沒玩過跳棋，看著覺得有趣，媽媽笑著說：「要學嗎？來，我教你。」那晚場景忽然變成三人坐在客廳專注又開心的下跳棋，一盤接一盤，直到都有睡意。

隔天一早，只有媽媽與我兩人時，媽媽說：「昨晚聽你們討論，妳雖然是我女兒，我也不覺得妳想的就一定對，別人沒有必要一定要接受妳說的，他說的也有他的道理。」那晚媽媽巧妙的利用跳棋，適時阻止兩個不懂事的年輕人可能在她面前失控，她不會讓自己加入戰場，更不會偏袒自己的女兒，而是找最好的時間適時提醒我。不知是不是對那天的場景印象深刻，跳棋也從此成為先生喜愛的遊戲之一。

媽媽離開後，看到她手機內近期兩張側拍先生與其他親人談笑時的獨照，我知道，那代表她已經打從心底欣賞這個曾經讓她翻白眼的女婿。

媽媽如此寬厚的心胸與智慧，數十年始終如一。我努力學習，不只對家人、對親友，對工作、社會上所有可能的互動，更是時時自我檢驗與提點。我也漸漸學習，世上任何關係皆是如此。人常自然而然的覺得別人應該如何想，怎麼做，只要不合乎自己心意，很容易就升起煩躁或厭惡的情緒。其實，一種米養百樣人，一件事從上下左右不同角度都有不同的理解與對應方式，不同的人對同一件事也都有其思考的背景與考量的因素，沒有絕對的對與錯。如此想，許多原本會陷在其中的情緒與糾結，就較容易紓解開來，也較不會鑽牛角尖，自困愁城。

相對的，媽媽也提醒我：「不要把別人的問題變成自己的問題。」既然都是各自獨立的生命，那麼各人都有各自的承擔。我們可以關心，可以建議，但最終還是須自己面對。對於喜歡「搞操煩」（閩南語，多慮）的我，這樣的提醒會讓我思考並過濾腦中與肩上的擔子，偶爾能輕卸一些，因為有一些真的是「老天爺的事」，完全超過我的能力範圍，也無法掌控預料，就更無須庸人自擾了。

新冠疫情爆發前兩年，弟弟幾經長考，主動與我們分享想要搬回台灣的計畫，考量因素眾多，但最重要的是「想多把握與爸媽的相處時光」。現在回頭看，這果然是他為自己人生所做珍貴又重要的決定。

媽媽的話

各自安好，
大家共好。

媽媽在加護病房的兩週，每到探訪時間，我都在她身邊，握著她的手，跟她說話。想想，人生第一次陪媽媽在醫院，竟已是她的人生盡頭。

在我們成長過程，印象中媽媽很少有病痛，唯一一次發燒也是躺在床上休息半天就起來，與一般日常無異。以前總覺得媽媽身體強健，現在想來，是因為她從沒說過苦，叫過累，也許她偶爾有什麼不適也從未展現，而當時忙於自己學習生活的我們也沒能敏銳的主動關懷。在我們心中，媽媽是溫柔又無敵的。

人過中年當然不可能無病無痛，有需要時，媽媽總是自己找醫療資訊、掛號、再自己就醫，從不麻煩他人。有時需要局部麻醉，問她是否需要陪伴，她總要我們過好自己的生活，說她的事會自己解決。有次我說要請假陪她就醫，她笑著恐嚇我：「妳來我就不去看醫師，妳自己去。」權衡之下，當然覺得看醫師為重。

近年來，媽媽曾有過兩次膝蓋突然急性發炎，在公共場所寸步難行，感謝當時經過的善心人士幫忙送醫。之後的復健，媽媽總獨自前往，從未勞煩她覺得公務繁忙的父親與遠在國外的兒女。不但如此，就連我們打電話關切，媽媽總是一派輕鬆說：「沒什麼大事，復健就好了。」雖然我們多少能想像復健應該不輕鬆，但媽媽大事化小的輕鬆應答，安撫了我們為她憂慮的心，總覺得一切都在掌控中，無須多擔心。

二〇二〇年，新冠疫情讓國際航線中斷，我們更感力不從心。某次媽媽因有些較嚴重的警訊需就醫檢查，我告訴媽媽，就算飛回台灣隔離十四天也要陪她去，她竟又說：「不要無聊，為了這個還要隔離兩個禮拜？妳回來的話，我就坐車去花東，不去看醫師了。」無奈之餘，只好拜託她定要告知檢查結果與醫師建議，她說那可以。就醫檢查後，我視訊問她，媽媽又一副輕鬆自在：「沒什麼，有點年紀多少有點問題，吃點藥，我自己會注意。沒事，妳不用擔心。」從每日與媽媽的視訊中，我會盡量多觀察媽媽是否有什麼變化，是否有需多注意之處，但媽媽多說說笑笑，總說自己很好，無須掛心。

其實媽媽慣於將大事化小，小事化無。她總說，最討厭那種無事找事、將小事放大，擾亂自己與他人生活的人與事。記得一九九九年震驚全台的九二一大地震，當時我仍在美國讀書，看到新聞後打電話回家，媽媽只輕描淡寫說：「喔，這次的確有稍微搖一下。」這樣的描述與當時狀況定然頗有差距。另一次，是某年超級颱風肆虐台北，當我打國際電話關心家中情況，媽媽說：「就是有點風，有點雨，還好吧。」如

日本輕井澤「雲場池」，媽媽與父親同遊之地。

果相較於新聞所述，媽媽的淡定真有如空城計裡的諸葛孔明。

一直以來，媽媽常對我們說：「各自安好，大家共好。」她說家人各自把自己照顧好，讓彼此不用擔心，就是最好。我們也都往這個方向努力。只是，從來都要我們放心的媽媽，一倒下去就再也沒有起來，當我們陪在醫院，就已經是群醫束手無策的最後階段。握著她的手，淚眼中我想著，媽媽真的有安好嗎？她只是要我們放心而已啊！她之前是否有些頭疼？是否有些不適？多麼希望她不需這麼體恤我們，能直接跟我們多說一些。只是，她連離開都很迅速，完全不想麻煩打擾我們生活的態度一以貫之。

媽媽曾說，外婆從發現罹癌到離世不過短短兩個月，而且是暑假期間的六月到八月，因為她體恤五位子女都是老師，暑假是最不打擾他們工作的時候，暑假結束前兩週她就離開了。那麼我想，媽媽在農曆年前倒下，卻不想讓我們在除夕夜與新年還要煩惱相關後事，也避開年後她親愛的小弟生日，離開的時候正處農曆年節長假，讓想來與她道別的親友們也不用擔心還得請假……面面俱到考慮周全，兩週後就道別了。最大程度不打擾任何人原來的生活，媽媽實在是太體貼、疼愛大家了。

媽媽倒下入院三天前，全家剛剛在台灣相聚一週，之後我們小家庭準備飛回雅加達。出發前往機場那天，一大清早天色未亮，她與父親竟特地來我們住處話別。其實媽媽已經多年沒有送機了，主要是我們出發到機場的時間多是在寒冬天未亮的清晨，為了她的健康考量，我請她不要為此跑一趟。這次不知道為何，她非常堅持，完全不聽我的勸阻。後來翻看媽媽那天的日記，寫著：「……一直掛意著要送機，不能送到機場，送到家門口也好。說掰掰，擁抱，道別，各自安好。」

原來，這次是最後一個擁抱，永遠的道別。

現在，希望她在另一個世界真的一切安好，我們也會努力讓自己安好，該輪到我們讓她放心了。我想，媽媽因為放心，所以放手了；放手，因為放心了。

媽媽的話

不怕死，
不等死，
不找死，
但隨時準備死。

媽媽突然倒下入院的隔天，我在家中她的書桌前翻找東西時，突然掉出一個資料夾，裡面夾了兩張手寫紙，仔細一看，竟是媽媽在二〇一七年已寫好的「預立遺囑」。那是她參加屏東大學中文系教授林其賢（我的小姨丈）開授的生死學課程作業之一，竟這麼巧，在這樣的時刻突然出現在我們眼前。

預立遺囑的首頁，媽媽寫著：「當我得離開塵世，就讓我放手離開吧。此生相聚，終須一別，回首無罣礙，足可安心離去。……此生在每個角色中全力以赴，自忖無愧於心。老天也眷顧，一生平安順利，心存感恩，感謝一切。」對外財，她清楚交代名下的有形資產該如何處理，並特別在修正處寫著：「想告訴孩子的是，若因錢財而吵架是最無聊的事，姊弟只有兩人，必互相照顧扶持。」

對內財，臨終醫護，她清楚交代：「不做無謂的急救，不電擊，不氣切，不要插滿管子躺在床上。」「火化，植葬，一切歸於塵土。」「不立碑，不立牌，想念就在心中。」「不必告別式，生平最怕麻煩別人，揮一揮衣袖，不帶走一片雲彩。」

最後她寫了一段話給她視為「摯愛」的父親：「……感謝今生相伴，想念就在心中吧。」

媽媽從倒下入院做腦部血塊清除手術到往生只短短兩週，從往生到舉辦告別式只有短短三天。老實說，如果沒有看到這份預立遺囑，家人們面對劇變定更加心慌意亂，不知所措。媽媽事先寫下，清楚表達意向，當她術後仍陷重度昏迷、我們得做許多重大決定時，才能好好的順隨她的心意，並有遵循的依歸。

翻看媽媽近年的日記，其中只有一段話她在不同時間重複寫了兩次：「不怕死，不等死，不找死，但隨時準備死。」我猜想這是她提醒、鼓勵自己的話，或者也藉著書寫反覆思考。有別於許多長輩，媽媽從不避諱與我們談老後安排，甚至談身後事。基本上與預立遺囑所寫大同小異，清楚讓家人知道她的想法，盡可能減輕周遭人的負擔，更可看出她的豁達。

十多年前，當媽媽開始學習使用臉書時，她曾寫著：「每日醒來，總毫不遲疑的起床，想像一天美好的開始！」媽媽不逃避、不畏懼面對死亡，卻也絕不會坐等虛度，這樣的人生觀是積極勇敢的。例如有醫師建議她注意維持體重，以緩和膝蓋疼痛問題，媽媽二話不說，下定決心一天只吃早午兩餐，且絕大部分是自己在家料理、無油無鹽的清燙菜色，完全不倚賴外力幫忙，也無須參加額外的付費課程，八個月減

嘉義八掌溪畔滿開的風鈴花。

人生，不是總如意；生活，不是都稱心；
事業，不是永輝煌；前行，總会遇溝坎。
路不通時，學会拐彎；结不開時，學会忘記。
事難做時，學会放下；緣漸遠時，選擇隨意。

了十公斤，我們都很驚訝於熱愛美食的她，為了健康展現出的驚人毅力。媽媽努力維護自己的健康，最大的動力就是希望能有多些時間看著所愛的兒孫成長，而且盡可能不要變成兒孫負擔。

只是人算不如天算，我們都未能料到健康檢查報告數值看似正常的情況下，卻會發生自發性腦溢血。雖只是一瞬間，但腦部畢竟太複雜，已非我們所控。當幾位醫師都研判腦部傷害狀況不可逆轉，預後恐怕也只能依賴呼吸器維持生命時，我們在媽媽的預立遺囑與萬般不捨的心情兩方擺盪煎熬，媽媽似乎感知到了，給了我們幾天面對接受事實，然後就自行決定淡然放下，與這個塵世道別。媽媽整裝離去的速度不匆忙，卻也未曾遲疑。她的臉龐膚色發亮，面容安詳，就好像平日安穩睡著般。

對我們，媽媽情深愛重，對這個世界，她仍熱愛好奇，但是當老天安排的時刻到了，稍作整飭，她旋即放下一切，這樣沉穩又瀟灑的功力，感覺已自我鍛鍊許久。媽媽不怕，不等，不自找，但真是隨時準備好了，讓我深深佩服。

我們謹遵媽媽願望，為她植葬，不立碑不立牌，連逢年過節想悼念之處也沒有。因為她從以前就告訴我們：「想念時，看看照片，想念我笑咪咪的樣子，想念就在心中吧。」這樣可以隨時隨地，無時無刻。

輯二

至情至性

看似輕鬆隨意，實則早在心中準備已久。
自己費心勞力傷神，卻希望能讓他人感覺舒服自在。
媽媽在生活與生命中所展現的智慧，
帶給我無比的溫暖和力量，過去，現在，未來都是。

媽媽的話

感謝今生相伴，
想念就在心中。

惠我良生蘊恩情，
連枝比翼共翱翔；
吾誰與歸百年合，
愛不釋手萬樂享；
與日俱增牽手戀，
汝南晨雞登壇唱；
偕安雙行永嬋娟，
老當益壯同帆揚。

這是父親寫於他與媽媽最後一個結婚紀念日，當禮物送給媽媽的「藏頭詩」——〈惠連吾愛，與汝偕老〉，只是當時我們都不知道，那是他們的最後一個結婚紀念日。

父親曾說，如要用一個字形容母親，那便是賢能的「賢」。

父母相識於教師研習營。當時媽媽是全台灣最年輕的資優班導師，代表學校參加研習營，彼時任教於台中附小擔任資優班導師的父親也代表學校參加。媽媽說當時她對風度翩翩，能在眾人面前侃侃而談，講話頭頭是道的父親印象深刻，但也沒想到父親對她一見鍾情，研習會後，父親每天手寫一封限時專送信，從台中寄到台南新營給媽媽，連續寫了四百多封，從未間斷。據說收信收得最開心的是外婆，每天她總是興奮的第一個收信拆信，讀後再轉給媽媽。所以這些信是先感動了外婆，才感動媽媽。

當媽媽決定嫁給父親時，周遭親友都覺得媽媽「目睭看低」（閩南語）。外公曾任督學，也是台南後壁國小的創校校長，在地方頗有聲望。媽媽姊妹嫁的對象也都是中學或大學教師，夫家在當時也都擔任校長。

父親高中時考上台中一中，卻因大家庭突發的複雜因素無法繼續就學，只好忍痛放棄，改讀學雜費全免的師專，畢業後在台中附小任教。除此之外，仍需一人兼做三人工作，假日也不例外，以幫忙減輕大家庭重擔與支持仍在學的年幼弟妹。外公曾對媽媽說，他覺得父親聰明上進，但家庭情況他不予置評。開明的外公外婆將人生大事選擇權全權交予媽媽，媽媽說她感受著自己被父親捧在手心上的美好與安全感，義無反顧答應父親的求婚。

父親也的確不負媽媽所托，當時大家庭以曾祖父的決定為絕對依歸，他本希望媽

屏東長治農業科技園區鐵馬道，媽媽與父親一起騎車訪友。

媽能住進由大家庭群居而建的超級大五合院，但爸爸深知家族複雜的人事會成為媽媽的重擔，故奮力爭取，另外準備了專屬他們二人的獨立小窩。這對於出身超級傳統大家庭的父親實屬不易，但媽媽這輩子對父親全然的支持與愛，應是遠遠超過當時父親所能想像。

婚後不久，父親即考上東海大學夜間部，白天工作，晚上上課，之後以優異成績畢業，旋即又考取政治大學財政研究所。當時媽媽懷著弟弟，帶著小小的我三人在台中生活，父親一人隻身上台北讀書，這段期間家中的經濟與生活都靠媽媽繼續擔任老師獨力支撐。父親研究所畢業後，參加甲等特考，甚至會計師考試，都以最優異的成績上榜，自此開啟於中央政府任職的公務生涯。這一路工作與考試並行，尤其考試科目皆非師專教育範圍，全都靠著父親自學苦讀，而讓他無後顧之憂全力衝刺的最大力量，當然是媽媽。

我六歲後，因父親工作舉家搬到台北，爸爸因為節省，我讀國中前家裡未購車，他每天搭公車上下班。記得每天傍晚，媽媽下班後煮好晚餐，就帶著我們姊弟散步到公車站牌等父親下班。我們遠遠一看到爸爸回家路線的公車進站，就猜猜他是不是在車上，當看到爸爸真的下車，大家一陣歡呼，然後全家手牽手一起走回家，吃媽媽準備好的晚餐，那是我印象中美好溫暖的回憶。現在回想起來，要做的事這麼多，但媽媽總能在固定時間開心的帶著我們去迎接爸爸回家，除了愛，還能是什麼力量？

沒有家世背景、從不結黨營派，也不做無謂的交際應酬，父親的公務生涯靠著勇於任事負責且潔身自愛，一步一步走得謹慎。尤其擔任當時為國家經濟火車頭的行政院經建會祕書長時期，兢兢業業，常常是整棟大樓最後一個關燈下班的人，連警衛都打趣問他：「是不是家中沒有溫暖？」數十年來，每天下班回家前，爸爸必定打電話告知媽媽，不管幾點，媽媽一定算準時間，將特別留給他的那份晚餐重新弄熱，讓爸爸一回家就有熱騰騰的晚餐暖胃。對我們也是如此，媽媽總說飯菜要熱才好吃。

對父親的生活，媽媽可謂無微不至的盡心。習慣非常早起的父親中午常需小寐片刻，但有時假日午後有行程，媽媽一定負責當他的午睡鬧鐘，確保他能好好休息且有足夠時間整裝出門。每每父親出門，不論晨起運動、工作、出門散步，或到家附近超市，媽媽必定送到門口，從不會讓父親自己關門鎖門。手機有照相功能後，媽媽就喜歡為父親拍照，爸爸出門前，不論是穿著各式運動服、工作開會及參加婚宴的正式服裝或聚餐的休閒打扮，媽媽都會興致勃勃的為她心中「地表最帥歐吉桑」留影。有時父親因工作需要，需搭乘高鐵或長程公共交通工具，媽媽總會在到站前打電話給父親，以防他因為太累睡過頭或坐過站。

另外，因為家族遺傳因素與年輕時長時間久站教課，近年來父親有腿部血液循環問題，需特別注意，有人建議可以多泡湯與按摩，但這些是生活嚴謹的父親不願在外嘗試的。為了父親的健康，媽媽自願每晚幫他做腿部與腳部按摩，還會特別搜尋醫療、精油或乳液等相關資訊，希望可以改善父親腿部血流狀況，儼然成為父親專屬的專業按摩師。回台時看媽媽每晚這麼認真按摩，父親還可以一邊看書、滑手機或看電視，我笑說父親真是有「太上皇」的享受，這時媽媽會笑著跟我眨眨眼：「他怎樣都不去給別人按，那剛好，錢省下來囉。」其實這與錢當然無相關，全是媽媽對於父親的一片情深愛護之意。如果要在世上找到能心甘情願自發地每晚為伴侶這樣按摩腿腳的，也許寥寥可數吧。這些只是生活上微小的例子，但都充分展現了媽媽對父親的溫柔心意。

除了生活上的照顧，父親曾說，媽媽是他這輩子精神上最大的支柱。父親不論做什麼決定，都有媽媽在旁全力支持。印象中，媽媽從未對父親大聲說過一句話，總是靜靜的認真聽父親說話與分享，就算持不同意見，也是輕輕帶出。父親常對媽媽慧黠的回答與建議拍手叫好，總說最聰明透澈的人是她。從小我就喜歡聽父母聊天，對我不但是種樂趣，更是心中安定之所在。

婚姻經營本不易，媽媽在我心中為「賢妻」立下了永遠無法望其項背的超高標。但她卻非刻意為之，對媽媽而言，這些都不是什麼特別的事，都是很簡單的小事，只因她說，父親是這輩子的「摯愛」。

媽媽的話

不給人負擔的溫柔。

與媽媽相處過的人，定能感受到她的細心與溫厚。她對人的觀察敏銳，卻不露痕跡。她總說，用「心」對待我們的人，必當以真心相待。

不只是家人，她對重視的人總是真心付出，不求回報，但對自己的付出永遠輕描淡寫。

想送東西給親友時，她不想讓人有「受惠」的負擔，總是說：「這雙鞋好像我買大了些，妳剛好適合，請幫我穿吧。」「這東西好像買多了，幫忙分些吧。」「這某某某送的東西，我已經有了，給妳更好。」「這東西，買後才發現顏色／樣式比較適合你。」（其實一開始選購時就已設定對象了）

曾有位因畫畫相識的年輕女畫友因突遭人生挫折，沮喪到不想再提筆作畫，有天媽媽向她請畫，說女兒新居落成，需要一幅她的畫增色。畫友或因盛情難卻，真的提筆畫了一幅，媽媽還包了個大紅包，說是女兒小小心意，感謝她的用心。老實說，媽媽退休後提筆作畫多年，完成許多令人讚嘆的作品，就算許多已掛在我們家中、辦公室，甚或分贈親人們，仍有許多未上架，哪裡需要再向人請畫呢？

後來聽媽媽轉述，這位畫友因此契機，重新確認對繪畫的愛好，不但重拾畫筆，還去報考師大美術研究所，找到人生新的重心，也因而走出陰霾，重展美麗的笑靨。媽媽與我分享此事時，臉上盡是歡欣滿足。對我而言，那幅畫的意義是媽媽親身展現於我真心待人，卻不讓人有負擔的那份溫柔情意。

二〇二〇年新冠疫情爆發，尚未有疫苗時，印尼疫情嚴重，我們聽從台灣駐印尼代表處的建議返台。十四天的隔離期間，家人們很用力的幫忙送餐及必需品，媽媽總是在正餐餐點外，又多帶了好多水果，或是煮好雞湯等，身上總是又背又提，搭公車及走路前來。

媽媽膝蓋曾數次急性發炎至難以走路，恢復後也常痠痛，我拜託她不要如此背負重物，她總是輕鬆回：「只不過多幾顆水果、一些東西，哪裡會多重？沒問題的。」媽媽離世後，我整理她的日記，讀到那段日子，她在日記上寫著：「總希望幫忙準備得更周全，每天背的重，重，重，累，累，累，真希望女兒出關的日子快點到來。」

媽媽告別式那天，一位之前與她共事多年的同事與我聯繫，說自己多年前突遭喪夫之痛，很長一段時間身心都處於極度脆弱的狀態。這段期間，媽媽常主動與她聯繫，噓寒問暖，天氣好時也會力邀她「相陪」一起出門走走。在她身體虛弱時，還會

日本青森奧入瀨溪，媽媽與父親同遊之地。

有些回憶，記起便是溫暖，
有些美麗，入目就是風景，
有些傷痛，放下就是釋然，
有些糾結，想開就能舒坦；
有些事情，盡心就是圓滿。

帶給她「剛好路過又多買」的豬腳麵線，讓她補身暖心（其實住家附近根本沒有賣，且媽媽平時根本不會去買）。她說至今感謝媽媽的溫暖關懷，帶她走出黑暗的日子，讓她看到生命中還有許多好夥伴，生活裡還有許多值得欣賞的好風光。

媽媽總是默默觀察，周全的設想著，看似輕鬆隨意的做，實則早在心中準備已久。自己費心勞力傷神，卻希望能讓他人感覺舒服隨喜自在。此外，什麼事清楚明白卻無須多言，什麼事無須深究，就讓它隨風而逝，媽媽總是了然於心，這樣對人的愛與溫柔，我感受著並學習著。

媽媽的話

春夏秋冬，
皆是
人間好時節。

不管身在何處，只要天氣炎熱的時候，我總會想到台灣特有的香瓜，那是兒時甜甜的回憶。

炎炎夏日的午覺醒來，媽媽定會從冰箱拿出一顆冰冰涼涼的香瓜，切成一瓣瓣細細長長的彎月型，然後與我妳一瓣我一瓣共吃一顆。香瓜吃在口中沁涼香甜，我們邊吃邊聊，那是童年酷夏時節的記憶亮點。除了香瓜，還有木瓜牛奶，媽媽會打一大杯，我們一起分著喝，木瓜牛奶淡淡的香味與溫柔的淡橙色，至今仍是最能撫慰我心的飲料，啜飲時喝進的都是美好溫暖的回憶。

天寒時，想到的則是媽媽的桂圓米糕，媽媽總會在天色仍暗的冬日清晨蒸煮好一鍋，讓我們起床後吃了可以暖胃暖身。媽媽說這是她的兒時回憶，外婆在寒冷的冬日也會偶爾煮一鍋，米糕又香又軟又有龍眼乾特有的甜，龍眼乾也是媽媽一顆一顆剝開去籽取出的，媽媽笑說費時剝了好久也只能得一小袋，要特別珍惜著吃。

婚後每年冬天回台灣，媽媽定會給我一兩包她剝好的龍眼乾，讓我或煮或泡任意使用。我特別喜歡吃龍眼乾，其實是因為吃進的都是媽媽殷殷愛護的心意。媽媽於寒冬中離世，至今家中冰箱還有一小包那個冬天她剝好給我的龍眼乾，我常拿出來看一看又放回去，想吃又捨不得吃，深怕吃完，這世上就再無媽媽親手剝的龍眼乾。

如同現在家中冷凍庫還有一包媽媽煮的麻油雞湯。一直以來，只要春秋交替，尤其冬日或是陰雨天，媽媽常會煮上一鍋麻油雞湯，讓我們暖身並增強免疫力。在我心中，這是世上最好喝的麻油雞湯，市面上評價再高的麻油雞湯都不及媽媽煮的一半好喝。媽媽煮的不只菜肉湯料豐富，湯頭不油膩卻又有麻油暖身的香氣，我的孩子曾創下一餐喝了十碗的紀錄，只因為實在太好喝了！從此這也成為媽媽的孫子們，生日必吃的一道料理。

記得有次回台，出外辦事回家路上突遇大雨，即便撐傘，風雨仍讓我淋了一身，回家看到媽媽正在為我煮雞湯，換下淋濕的衣褲整理好，已見一碗熱騰騰的麻油雞湯麵線加顆麻油蛋在餐桌上，讓我暖身去寒。媽媽的雞湯，總是如此及時，又暖又香，深覺被關心被深愛，喝下去後頓感身心更加強健。

除了這些記憶中的媽媽味道，媽媽對飲食的堅持，也為家中營造了季節感與節日的儀式感。元宵節與冬至必煮甜與鹹兩種口味的湯圓、夏日的各種筍子料理（清蒸脆筍、筍子湯、筍子稀飯）、端午的粽子，中秋節家中必買整箱的麻豆文旦（麻豆為

奧萬大飄落的楓葉。

生活著就難免會有傷心，但請不要誤以為傷心是自己最重要的事。或許我們無法挑選會有什麼樣的事物來到身邊，不過至少可以為自己去做到最後要留下什麼，以及要讓什麼影響自己。只要記住幸福的片刻。

媽媽兒時居住地）、微涼秋日必蒸煮菱角料理，冬日清晨的桂圓米糕與熱呼呼的栗子當點心……當然還有四季相應的水果等。一年年順著時節變化，這些食物早已成為我們生活中的必需品，一年好像總要吃到這些，才更能感受四季更迭，一年復始。

媽媽總說住在台灣特別幸福，一年四季都有不同好吃的蔬果，吃東西定要吃當季的，更是美味。也許是因為如此，我特別喜愛四季變化，「春有百花秋有月，夏有涼風冬有雪，若無閒事掛心頭，便是人間好時節」，媽媽是否刻意為之我已不可得知，但她從飲食教給我們熱愛每一個時節，感受每個當下。

想到此，再次打開家中冰箱冷凍庫，看著媽媽最後一次煮好冷凍起來的麻油雞湯，掙扎著是否該拿出退冰。她總是悉心為家人們準備，常將雞湯煮好後分包冷凍，送給弟弟與我，讓我們兩家隨時可方便溫熱來喝。好想好想再喝到媽媽煮的麻油雞湯，但若把這包煮去，這世間就再也嚐不到同樣的味道了。將手中拿起的雞湯包再次放回冰箱，到底該如何呢？始終決定不了。

媽媽的話

不卑不亢，
不忮不求。

「咱不卑不亢，不忮不求。」這是我從小聽媽媽掛在嘴邊的話，似懂非懂。

漸長後，學校教科書也教了這句話，意思是：「不自卑也不自大，不嫉妒他人，不貪求非分名利。」

父親的公務生涯，勤勉誠懇，幾十年走來始終如一。即使如此，像父親這樣沒有背景、不結黨營派的人能一路走到中央政府最高文官，擔任「行政院副祕書長」實屬不易。記得曾有幾次聽父親提到某些職位的人如何汲汲營營，有為了保位、上位用盡心機之人，也有因被迫下台、離職，哭啼戀棧喊冤的，這時媽媽總簡單回以這句話，不再加以其他評論。相信因為有如此後盾，父親更能安心專注於工作與所擔之責，不需花額外不必要的心思。

父親也曾擔任掌管幾千億國家基金的職位，不可諱言，這樣的角色會面臨許多利益的誘惑，但父親很清楚，誘惑源起於自己的職位，但這個職位須以捍衛國家整體財政利益為考量，絕不能公器私用。相較於某些在其位卻公器私用、中飽私囊者，父親的「水清無魚」或被視為異類，但媽媽提醒我們的「不忮不求」與她始終如一的勤儉踏實，讓父親更能堅定不移的守住自己心中理想的官箴，我們全家的生活也能過得心安理得。

父親有一段不短的時間配有公務車與司機。車與司機，父親絕對只用於公務時間，媽媽從未搭乘過，一次都沒有。有時下班後兩人有約，媽媽一定是自己搭大眾交通工具去會合，就算是公務需夫妻出席的飯局也是如此。

就連媽媽出國回來，時間再晚，也都是自己拉著行李搭乘大眾運輸工具返家，爸爸絕不會派公務車去接機，媽媽也不會搭她覺得收費昂貴的計程車。回想起來，換作是我可能不免嘀咕先生一番，但媽媽從沒有說過什麼。媽媽的生活從不因父親的職位變動有任何改變，她笑稱頂多是自己心裡小小的虛榮心，但也是自己知道就好。她的言行始終如一，低調、踏實。

有次聽媽媽笑談，說爸爸有時晚上加班，自己買一百元便當吃，但如果司機為了等他晚下班，父親會給他五百元買晚餐。乍聽之下有點不可思議，但我知道這的確是爸媽的作風。他們總說，對生活辛苦的人千萬不要計較，要大方些。這樣的觀念與做法，讓我記憶深刻，影響至今。

記得在雅加達生活的前幾年，因緣際會認識了一些來自印尼富比士（Forbes）富

玉山主峰。

這個世上沒有不帶傷的人，
無論什麼時候，你都要相信，
真正能治癒你的只有你自己，
不去抱怨，不怕孤獨，努力沉澱。

豪排行榜赫赫有名家庭的女兒或媳婦。老實說，在這之前的生活經驗，總覺得富比士榜上的富豪離我們很遙遠，第一次有機會這麼接近，竟有些好奇的雀躍。我常暗自觀察她們的穿著打扮、言行舉止，如果她們跟我多說一句話，心情就飄飄然，如果邀我到家中參加私人宴會，竟好像中獎一樣開心。但不需太久就發現，自己的生活與價值觀實在與之差異甚大，比如我一點也不關心愛馬仕包在哪一國退稅後比較便宜，也不好奇哪家某某人的私生活如何。為了找其他話題，我總是絞盡腦汁，但許多時候她們對我的話題也不太感興趣，幾次下來，這樣的聚會就讓我如坐針氈。

直到某次在一個生日會上又重複聽著類似話題時，媽媽的「不卑不亢，不忮不求」突然出現腦海，恍如當頭棒喝，讓我大夢初醒：自己到底在做什麼？為什麼需要想方設法這麼用力去迎合、結交這樣的朋友呢？媽媽常要我們記得，「我不高人一等，也不低人一等，我就是我。」何必扭曲自己只為了要成為圈內一員？就這樣，突感壓力釋放，身心頓感輕盈！

從此，這樣的提醒就是我對於每個相遇之人的態度，一以貫之。

媽媽的話

世間皆苦，

唯有自渡。

家附近就有圖書館，是媽媽常提起最幸福的事之一。

從小媽媽每週都會帶我們到圖書館借書，她自己也會一起借，印象中當時她一週會借十本書。退休後她仍是固定上圖書館，眼神發亮開心的告訴我們有所謂「家庭借書證」，一次可借二十本書，興奮的樣子好像獲得什麼尊榮VIP卡一樣。

媽媽總說，透過書能更認識世界的遼闊、更洞悉人世間的悲歡離合。相較於古言：「書中自有顏如玉與黃金屋。」我更相信媽媽的話。因為媽媽出生於簡樸的公教家庭，畢業後任教三十多年退休，與父親組成的也是公教家庭，生活環境相對單純，但是媽媽對於人、事與人生的諸多判斷，不但有遠見，更看得透澈明白。我常常驚訝於她對人、事的分析，絕非單純的生活環境能淬鍊出，她總是笑著說：「看書呀！」書中所寫，不論真實或虛構，也都是人生。

媽媽的涉獵廣泛，老中青幾代的作家，文學類、非文學類，她都讀得興致盎然。對於值得再三品味的經典名作，她會在不同時期重新閱讀，因為在人生不同階段會有不同的體悟；對於新世代作家與其作品，也以開拓視野的心情閱讀，覺得新鮮有趣。

媽媽生性浪漫，對於泰戈爾的詩集情有獨鍾，對於文壇長青樹如席慕容老師、張曉風老師的作品也特別有感。幾年前兩位老師有簽書會，她還以忠實讀者的追星心情，分別跑到台北官邸藝文沙龍與張曉風老師位於屏東的老家（勝利星村永勝五號）參與，雀躍的心情好像小女孩一般。媽媽也很喜歡簡媜老師的書，每一本都細細閱讀，還特別推薦給我當必讀書單，並要我思考字裡行間所展現每個不同人生階段的意涵。剛剛以嵩壽高齡離世的齊邦媛老師，對學問的追求與對人生的豁達，更是媽媽欽佩的對象。

除了固定借書，媽媽每個月也會找兩天到圖書館專門看當月或當週新出刊的雜誌，吸收新知。她跟我們，甚至是孫子從沒有什麼「代溝」問題，許多時候，她的想法與資訊甚至走在我們前面，讓我們汗顏。

小時候最深刻的記憶之一，就是媽媽靜靜沉浸書中的樣子。結束忙碌的一整日後，夜晚她會坐在沙發或床前安靜的看書，在柔和的燈光映襯下，她整個人是那麼安定，那麼祥和，那麼溫柔。我特別喜歡那幅景象，常常在旁獨自看了好一會，才與媽媽道晚安。那樣柔軟的畫面對小小的心靈產生巨大無比的力量，感覺世間的喧鬧或困難都與我們無關，就算窗外是閃電打雷、大風大雨的夜晚，也能帶著溫暖平和的心上

台北大湖公園內的白鷺鷥。

床睡覺，沒有煩惱憂慮，感覺安心，睡得香甜。

成長過程中，也曾感受過媽媽心情低落的時刻，通常她會安安靜靜坐下，拿本書就開始看，看累了就睡，第二天起床就好了。媽媽的日記寫著：「世上沒有不帶傷的人，不論什麼時候，都要相信，真正能治癒你的只有你自己，不去抱怨、不怕孤獨，努力沉澱。」我想，看書就是媽媽強大的自癒能力之一。

有時我心情煩雜，媽媽會說：「去看本書吧。」這句聽來簡單的建議就像魔法般，幫助我度過許多困難時刻，因為一本書就是一個世界，短暫離開現實，任思緒在另一個世界翱翔，的確能讓人轉念且舒心暢快。

看到特別有感的書，媽媽總會與我們分享。比如簡媜老師的《誰在銀閃閃的地方，等你》，她讀了數遍，喜愛到也買了一本給我，並敦促我快快找機會詳讀。讀完後，我們就像是兩人超迷你讀書會般，有機會就談論對書中所述之看法，常聊著聊著就忘了時間。有時我們還會驚喜的發現，各自在不同的時間點、不同的地方，買了同一本書，對這樣的心有靈犀覺得有趣，也彼此打趣勉勵，為我們都喜愛的紙本書市略盡棉薄之力。

媽媽最近一次向我提起的書，是齊邦媛老師《一生中的一天》，她說特別嚮往齊老師自主決定獨立住在養生村的老年生活，與正向又自在的精神。還沒來得及讀這本書，媽媽已然離去，我感到掉入無止境的悲傷黑洞中，無助又無力。直到有天，看見媽媽床頭書櫃中齊老師的這本書，我緊緊抱住，開始閱讀，讀著讀著，試著感受媽媽閱讀此書的心情，頓時感覺與媽媽再次貼近，這樣的感受撫慰了我極度的思念。只是，未能及時與媽媽討論分享讀後感，實是心中遺憾；媽媽定然也沒想過，她在身心未衰的此時已快步離塵，根本無須費神安排心心念念不願打擾兒孫的老年生活。

失去最好的讀伴，我仍在悲傷的淚海中浮沉著，是的，世間皆苦，唯有自渡，再看本書吧。

媽媽的話

不要在一件事情糾纏太久。

人生至今遇過最喜愛唱歌的人，大概就是媽媽了。她開心時唱歌，煩悶時唱歌，無奈時唱歌，生氣時也唱歌。生活總有些無可奈何的時刻，或許是在責任感驅使下不得不做的事，或者是本不想見卻仍需要面對的人，這時候媽媽一定是邊唱歌邊為之。

幾次看到媽媽面對一些惱人的人事物，感覺怒火快燒起時，她一開口並非破口大罵，而是輕輕哼唱起來，感覺愈生氣，就唱得愈大聲，唱了幾句怒氣漸消，歌聲也就停了。從很小我就會唱如鄧麗君的歌、〈綠島小夜曲〉〈在銀色月光下〉，或者翻唱歌曲如〈可愛的陽光〉（義大利民謠 O Sole Mio）、〈桑塔露琪雅〉（義大利民搖 Santa Lucia），甚至當時的愛國歌曲等，因為天天耳濡目染，自然也琅琅上口。

幼時家裡有些歌本，媽媽每天定會選其中兩、三首教我唱，耳熟能詳的〈茉莉花〉〈蝴蝶歌〉〈猜拳歌〉，或者適合更大孩子唱的〈青春舞曲〉〈小小羊兒要回家〉〈高山青〉等都在其中，每天傍晚煮晚餐前的一點空檔，媽媽拿著歌本與我一起唱歌的時光，悠閒又溫暖，至今仍深刻在心。媽媽的歌聲輕柔，邊笑邊唱的樣子，讓小小的我恨不得快將所有歌曲學起來，好像就能成為媽媽如此美好的樣貌。

媽媽對唱歌的愛好，促使她在忙碌工作之餘，仍撥空一週一晚參加合唱團。當晚她一定如常煮好四菜一湯，再匆匆趕去合唱團練唱，數年如一日，不論下雨或寒風。記得她練唱後回家覺得有點疲累卻心悅的神情，長大後才更能體會她為了自己愛好堅持的毅力，與確保家人生活步調不受她參與合唱團影響的努力。

不只自己參加合唱團，從我小二開始，媽媽就讓我參加學校老師主持的合唱團。小五那年，她帶我報考「台北市立交響樂團」的附設兒童合唱團，被錄取後媽媽好像比我還開心。只是每週又得再多一晚，她必須帶著我到台北社教館練唱，父親工作正忙，她只能一併帶上年幼的弟弟一起出門，風雨無阻。練唱兩小時，她與弟弟就在教室外面等候，結束後，我們母子三人牽著手在夜色中笑談著回家。

老實說，嚴厲的合唱團老師並不讓我覺得練唱那麼美好，美好的是途中會經過一攤烤玉米與一攤滷味，在那個很少上餐廳外食的年代，一週吃一次烤玉米或一點滷味都覺得好興奮，就像一個好學生突然蹺一次課的快感，原本的好風味更覺美味！是那份日常生活外的輕鬆快樂與在夜色中牽著手的溫暖，讓我對合唱有著特別美好的回憶。記得有幾次回家路上碰到大雨，就算是冬天，全身被雨打濕，我從不覺得厭煩，

八色鳥。

也不覺得冷，就是一路上開開心心、三人一起嘻嘻笑笑回到家。

自己當了母親後回想，在那段不算短的日子裡，每週一兩次晚上得帶著兩個孩子出門，其中一個還是好動的小一男孩，得讓他乖乖等兩小時，再帶著兩個孩子走一段不算短的路程回家，實在不是件輕鬆的事。不論天氣如何，不論當天是否有煩心事，也不論我們是否乖巧或胡鬧，媽媽從沒有一次不耐、厭煩或疲累的神情，就是好好的，一次次帶我們完成。我想這背後除了有她對唱歌的熱愛、想帶領孩子們領略歌唱的美好，最重要的是對孩子遼闊無盡的愛。因著這份愛，她從未覺得麻煩或辛苦，只是開心的帶著我們學習她也覺得美好的事物。

退休後，媽媽報名社區活動中心的歌唱班，也加入過不同的合唱團，每週兩次背著重重的歌本搭公車學唱歌，風雨無阻，唱得開心；在家作畫時，也喜歡放著老師要大家練習的曲目，邊畫邊唱。

媽媽喜歡唱，更喜歡聽大家唱。家人團聚時，她最愛吆喝大家一起在家唱歌，總是盡情的唱，微笑認真的聽，然後幫大家用力鼓掌按讚。近年來，她最喜歡的曲目就是〈陪我看日出〉與〈記得我們有約〉，甚至從孫子們讀幼稚園就開始教唱，現在是孫子們最拿手的中文歌曲，也變成家中的傳家曲目。媽媽在醫院加護病房時，全家在她身旁一起唱這兩首歌，我們深信，就算醫師說媽媽陷入重度昏迷，但她對我們共同的歌定能有所感知。

媽媽曾告訴我：「不要在一件事情糾纏太久。」現在我常邊想著媽媽，邊哼起歌來，彷彿也聽見媽媽說著：孩子，不要在負面情緒裡糾結太久，唱吧，大聲唱吧。

媽媽的話

生如夏花之燦爛。

媽媽愛花，每個時節都有她喜愛的各種花。炎炎夏日，她最愛的是如陽光燦爛的阿勃勒，尤其喜愛金黃色的阿勃勒在清晨朝陽下散發出的蓬勃朝氣，媽媽說我們就要「生如夏花之燦爛」。

媽媽心中的「燦爛」，不是如花蝴蝶般的花枝招展，也不是追求浮華世界的絢爛，而是時時自省生命，確保步步踏實之外，盡力使生命內蘊豐厚，如此自然能展現生命的光輝。這樣的生命之光並非炫耀刺眼，令人難耐，而是內斂和煦，可以溫暖周遭的人。

寫作，便是媽媽豐富內在生命、展現燦爛人生的體現之一。

家中有一個大資料夾，裡面滿滿都是媽媽所寫文章的剪報。從青年時期到近年，媽媽忙碌於工作與生活之責外，還用了如「淡竹」、「戀箇」等筆名與本名在各大報章發表文章，知名的《讀者文摘》雜誌也曾來信請求授權轉載她的文章，稿費還以美金寄達，我們因而笑稱她為「國際知名作家」，媽媽也為此覺得開心。除了書寫家庭趣事、暖事，最能讓媽媽提筆的原因是看到不公不義的事情，比如外祖父在官僚庸醫的推託誤診下往生，又比如相較於社會某些「名人」為享受特權而吃相難看，硬頸殘疾人士有自尊有風骨的生活更讓人尊敬等。

除了書寫所見所感成文、發表文章，媽媽數十年來不間斷的寫日記，就連弟弟與我在外讀書的數年間，還每日手寫信給我們。

在美國讀研究所的那兩年，媽媽每天手寫一封長信，每兩天寄出一次，不曾中斷。畢業後我告訴媽媽，到信箱收她的信是異鄉求學生活中最大的撫慰與期盼。我曾問過她每天這樣寫會不會累，媽媽笑著說：「不會呀，我就當寫日記。」但她寫日記的習慣，也從未因要寫長信給我而中斷。

弟弟在外讀書數年間，媽媽也一樣每日手寫信給他。

對不同的孩子分享不同的生活面向，給予因材施教的鼓勵，雖不在我們身旁，卻總是給予最即時的提點，最溫暖的安慰，與最適當的支持。因此就算我們分隔三地，彼此的心卻非常貼近。

不只自己寫，從我們小學時期，媽媽也喜歡送我們筆記本，鼓勵我們寫日記。她總說，寫短短的也好，也許只是日常紀錄，也許是生活所感，就是讓自己靜下來寫一些東西。這樣的習慣我們延續至今，也感謝這樣的手寫紀錄，讓我們保留了自己兒時

燦爛盛開的花朵，如同媽媽展現的人生。

純真的記憶。

因為常寫作，也因刻意努力練習，媽媽的字端正秀麗，看過的人都讚賞不已，她總謙稱說是慢慢練出來的。除了日記本，她還有許多筆記本，每每讀到好文佳句、撥動心弦的歌詞、動人的詩句，她喜歡一一抄下。尤其新冠疫情期間所有活動都取消，媽媽寫字的時間更多，所以從不會感到無聊或心慌，還鼓勵我們可以這樣做，練字也練心。

不只硬體字，她也自學書法，行書、楷書、隸書、草書，大中小楷通通都練。擔任美術資優班導師期間，偶有機會現場揮毫，大家都非常驚豔。

退休後媽媽偶爾也喜歡到鶯歌畫瓷盤，並在瓷盤背面用各種字體題字。這些瓷盤原本是要讓大家盛放蔬果，但家人們都視為珍寶，根本捨不得用，現在成為我們最美最珍貴的傳家之寶。

近年來，媽媽的日記本除了文字，每一篇還隨文用簽字筆、彩色鉛筆、自來水彩筆簡單作畫。這是她督促自己的每日功課，說希望寫下、畫下自己所見所聞所感，為生命留下美麗的足跡，即使是退休生活，也不希望每天只是吃喝玩樂渾渾噩噩過日子。然後她還用這些畫做成我們家人群組的早安貼圖，每天一早發出，為我們開啟美好的一天。

媽媽的日記寫著：「生如夏花之燦爛，死如秋葉之靜美。」媽媽闔眼時臉龐安詳慈美，我想那樣的靜美，定是滿足於曾奮力璀璨，並留下踏實足跡的豐富生命。

媽媽的話

花掉落了
所有花瓣，
就找到了果實。

家中客廳掛著一幅巨畫，是媽媽花了一年多時間才完成的。畫中場景是多年前父親與小兒參訪高雄佛光山，恰好在一面佛陀說法的壁畫前坐下小憩，祖孫閒聊，當時媽媽按下相機快門，留下這幅景象——佛陀說法，祖父說故事——都代表著傳承。這幅巨畫媽媽畫得栩栩如生，如果將之與放大的照片擺在一起，未必能馬上分辨何者為畫。這幅別具象徵的畫作，已成為我們家的「傳家之畫」，意義非凡。

看過媽媽作品的人，大概會以為她受過嚴格的專業訓練，其實媽媽作畫靠的是天分與認真自學。在師範學校時，媽媽的專長是水墨畫，工作閒暇之餘開始嘗試鉛筆畫、粉彩畫、水彩畫，退休後又繼續興致盎然的探索更費工夫的油畫。

媽媽心思細密，觀察入微，眼前所見靜物人物景致，都能入畫。對所深愛的親人好友，更是百畫不厭，尤其是父親與孫子，各個時期、各種角度、各種場景，都成為她捕捉瞬間、練了又練的最佳對象。一幅幅大大小小的人物畫，都是以深厚的愛為打稿基礎。媽媽也喜歡拿著自己小時候的黑白家庭舊照，憑著兒時記憶，畫出一幅幅對父母的孺慕之情、對手足的相親之意，每幅都是充滿溫暖色彩的畫作。

為了精進作畫技巧，媽媽也曾試著找畫室學畫，但有時卻「誤闖叢林」。原來有些畫室有不成文的內規，除了會以學費先「過濾」成員外，開始上課後媽媽很快發現，竟還需加入高檔的社交邀約活動，如果不參與，很快就會被排擠。原來高昂學費並非為了學習深奧技巧，而是加入某些團體的入場券，且即便繳交相同學費，頗有名氣的指導老師還會因學員社經背景不同，在指導時大小眼，這讓向來正義感強烈的媽媽覺得道不同不相為謀。

後來有幾年時間，媽媽都待在同一畫室，除了跟指導老師學習，更棒的是有緣遇到幾位純粹愛作畫、價值觀也相近的畫友，可以一起討論切磋，一起相約觀賞畫展。媽媽笑說，每週期待去畫室，重點是大家一起泡茶聊天吃點心，畫畫則是其次，回家再各自努力就好了。

媽媽不喜「嚴格訓練」這樣的概念，她嚮往的是悠遊在自己喜愛的藝術裡，無拘無束。她也曾報名社區大學所開的繪畫課，輕鬆的背著畫袋，裝著輕便水彩或彩色鉛筆，每週開心散步來回一小時去上課。她總笑說，自己不覺老之將至，卻已是班上年紀最長的學生，年紀都比老師多兩倍以上。媽媽說，到社區大學上課主要想感受與年輕人一起畫畫的愉快，也對年輕有理想的老師們給予支持。比如年輕老師們會籌辦無

掛在家中客廳的「傳家巨畫」── 佛陀說法，祖父說故事。

償下鄉教畫，或是舉辦義賣活動，將所得幫助老弱團體，媽媽喜愛看重的是這樣的氛圍，因此樂此不疲。

媽媽自己愛畫，也喜歡教人畫。她會很有耐心的教外婆與大家族中的長輩提筆畫些簡單的色鉛筆畫，讓她們的生活有所寄託，除了帶來成就感，也為垂暮生活增添色彩。假期與孫子們相聚時，只要有空檔，媽媽也喜歡教孫子們畫畫，從如何觀察比例、光影，如何構圖、打底、上色，甚至完成後的簽名等，都讓孫子們愛上與阿嬤一起作畫。女兒小學時，有次畫作被美術老師選為參展作品，興奮的與阿嬤視訊分享，阿嬤看後溫柔耐心的給她一些修圖建議，女兒的作品後來獲獎開心得不得了，自此視阿嬤為偶像。

雖然我沒能遺傳到媽媽繪畫的天分，但對於作畫於瓷盤特別感興趣。新冠疫情前回台剛好有一空檔，媽媽興致高昂的說要帶我去鶯歌一起畫瓷盤。我們坐火車、走路到教室，邊畫邊聊，輕鬆自在，過程中我好像也是第一次親身體會到媽媽作畫時的快樂。當時我告訴媽媽，以後只要回台灣，再一起來這裡畫吧！媽媽看著我的畫，笑得合不攏嘴，說我還有非常大的進步空間，有空可以考慮開始提筆練習啦。可惜，那竟也是最後一次我們一起畫畫。

「花掉落了所有花瓣，就找到了果實。」媽媽的花瓣已落，我已見不著媽媽，但還好媽媽留下許多畫作讓我們仍能好好欣賞。看著一幅幅畫作，或大或小，或慎重裱框吊掛，或只是筆記簿中輕巧的塗鴉，我想像著媽媽作畫的神情，體會她作畫的心情，藉著畫，感覺與她如此貼近，這些就是媽媽留給我們充滿愛與美的果實吧。

媽媽的話

有些回憶，
記起便是溫暖。

媽媽在家裡有個大抽屜，裡面滿滿都是卡片與信件。從我小一剛學會寫中文時寫給她的卡片，到長大後過年過節寫著祝福的紅包袋，以及至今孫子們寫的卡片、紙條、圖畫、手作禮物等，經過兩次搬家、房子整修，仍好好收藏著。

從我有記憶以來，只要是母親節、媽媽生日，甚或爸媽的結婚紀念日，弟弟與我定會手寫、手繪卡片或寫信給媽媽，每一次她都收得很開心，反覆看了多次後再仔細收起。近年來收到孫子們的卡片與信件，她更是笑開懷，接過後總對孫子們又貼臉又擁抱，好像如獲至寶。

其實家人間沒有過節或生日餽贈禮物的習慣，就如數十年來，爸爸總是對媽媽說他送的是「一顆心」，從沒有實質禮物，因此對於我們的卡片，媽媽也是開心的笑收我們這些手寫的心意。每隔一段時間，她喜歡將這些卡片信件重新翻看，她珍惜這些更勝精品珠寶，正如她說：「有些回憶，記起便是溫暖。」

媽媽惜情，與好友年輕時互留的照片、字條、書籤；與手足從青少年時往來的書信；爸爸追求她時寫的一天一封限時專送信共四百多封，以及爸爸北上讀研究所近兩年期間，雖每週回家，但仍手寫共二百一十六封家書等，媽媽都一一好好收著。又如外婆用自己髮絲填充做成的針插、用碎布縫製而成的小被，與特別設計裁縫送給我的週歲賀禮小衣，媽媽都悉心珍藏著。偶爾她會拿出翻閱、整理一番，我想，這些都是媽媽生命中溫暖穩定的力量，提醒自己被愛包圍著。

讓人能在低谷中繼續向前最大的力量，無非是愛。人生有許多覺得心寒或落寞的時刻，能擁有讓我們記起便覺暖心的事物，多麼珍貴！

從小放學回家或是假日，只要我們在家，媽媽一定在家，若不在，定留下字條，清楚交代她去哪、做什麼、幾點回來，又或者提醒叮嚀些什麼，比如電鍋熱了點心等。慶幸自己成長過程中，心中總覺得安全、安定，回想起來，這全要歸功於媽媽這樣的習慣。沒有手機可以即時聯絡的年代，她就是能做到從不讓我們擔憂，永遠讓我們感覺自己是在平安穩定的生活軌道上，無須焦慮徬徨不安。

就算我們長大成家，有智慧型手機、即時通訊軟體，媽媽仍維持手寫溝通的習慣。最近一次也是最後一次邀她到雅加達一起過農曆新年，回台前，她親手寫了封長信給我，就放在書房的書桌上。媽媽並沒有事先告訴我，而是她飛回台灣那晚，我坐在書桌前才赫然發現有封信夾在我的日記本裡。信上的大意寫著，這麼多年來，她看

陽明山上的蘆葦與藍天。

到我已在異鄉建立起自己的生活，感到欣慰，希望仍繼續努力，願我平安健康。信末署名媽媽，寫於凌晨三點。

我猜想，應該是夜深人靜大家熟睡時，她處於陌生的雅加達定然仍為我多思多想無法成眠，故乾脆起身寫信給我。這封信，我小心翼翼的收藏著，身心疲憊之時，這封信提醒我要珍重自己。任何外在的榮譽，都比不上媽媽對我的肯定；任何外在的鼓舞，都抵不過深切感受媽媽要我好好照顧自己的盼望。

「有些回憶，記起便是溫暖。」

在這個幾乎什麼都以即時通訊軟體溝通的時代，訊息、照片都可輕易收回、刪除，感覺所有的溝通與記憶都可簡單一抹而去，我在媽媽耳濡目染之下，也特別珍惜一筆一畫留下的記憶。媽媽離開後，所有她曾寫下的隻字片語，都成為我心中最珍貴的溫暖之源。

除了珍惜握在手中充滿回憶的物品，媽媽也提醒：「有些美麗，入目就是風景。」雖說「熟悉的地方沒有風景」，但仍應隨時多留心身旁習以為常的風景：一朵新綻放的花、天空時時變換的雲彩、店家櫥窗更新的擺設、走過身旁的人等，在在都可帶給我們新的感受。如若我們總行色匆匆，視熟悉的環境為理所當然、一成不變，就算某刻某處有可人的美麗，如果無法入目，也是枉然。

媽媽的這些提點，就是希望我們能讓自己的生命有溫度、讓生活有美麗的時刻，也希望我們照顧好自己的心，任何情況下，只有心安，才能有平安，只要心安了，就會平安。

媽媽的話

什麼困難
都會過去。

媽媽是我最親密的摯友。從小至今，遇到大大小小的困難，第一個想要傾訴的對象就是媽媽。從學生時期的人際問題、第一次離家出國讀書時的各種適應問題、出社會後的工作問題、人際問題，到婚後在新環境所遇到各種問題、當媽媽後的各項養育子女的挑戰……，媽媽總是耐心的聽，用心的感受。

我難過時，她比我更難過，我因某些人或事憤怒時，平時好脾氣的媽媽會因心疼我的委屈竟比我更激動。

有人能全然包容的聽我們敘述問題，負面情緒已然釋放一半，若能再與我們同一陣線，感其所感，心中的悶氣怒氣似乎有人分擔，又再消去一半。可愛的媽媽總隨著我的敘述完全融入，有時我還要反過來安慰她，說事情沒有她想得那麼糟。媽媽總是與我同聲一氣，反讓我內疚自省。隨著年歲增長，慢慢的我也學習，對於這樣愛護我遠勝於愛護她自己的媽媽，喜一定要報，憂要挑著說，還要打折講。

汗顏的是，直到媽媽離開，我都還沒能學會她對外婆那般的體貼——只報喜，完全不報憂。正如她自己在日記所述：「不讓老母親為自己煩惱，讓她覺得我是幸福快樂的吧。」

記得兒時，有次外婆來電，那日媽媽正為青春期叛逆的弟弟傷透了心，已經哭了好一陣，我接了電話，告知媽媽外婆來電，媽媽先擦乾了淚，接起電話時語調已是輕盈愉快，還與外婆談笑了一陣才掛電話。我不確定外婆是否有聽出異樣，但確定的是，媽媽從未向外婆訴過任何苦。

只是母女連心，媽媽曾提過有次我們回外婆家，離開前，外婆輕拍媽媽的肩說：「不要煩惱，不要煩惱。」就算媽媽什麼都沒說，外婆也許還是感受到什麼。爾後媽媽常提起，在她人生遇到困難時，總想起外婆的那句「不要煩惱」，與輕拍她時的溫柔與暖意，當下就真的覺得不怎麼需要煩惱了。

若能類比外婆給媽媽的那句「不要煩惱」，媽媽給我的就是「什麼困難都會過去。再困難，都會過去。」不論遇到的難題為何，媽媽總是以這句話安慰我。媽媽說得對，現在回頭看，之前覺得困難的種種，也都以各種方式過去了。

媽媽曾寫給我：「有些糾結，想開就能舒坦；有些事情，盡心就是完滿。」當身處難關，看看天地之大，萬物之豐，體認無常是常，心若有些糾結，盡量想開就能較為舒坦。有些事情，只要盡心就是完滿，無須再多想多求。

馬祖芹壁村老屋，媽媽與手足同遊之地。

不要在一件事上糾纏太久，
糾纏久了，
會痛、你会煩、会厭、会累、会傷神、会心碎。
到最後你不是跟事過不去
而是跟自己過不去

現在對我而言，最大的困難，就是還無法接受親愛的媽媽已離開這個塵世的事實。深深想念時，好像掉入一個無底深淵裡，黑暗無光、漫無方向、沒有盡頭。但若把時間軸拉長，是的，有一天這樣的困難也會過去吧，也許因為心力更強大，學會了「面對與接受」，也許因為我們每個人也終有一天會離開這個塵世。

總之，一切都會過去。

看到媽媽在日記本寫著：

當心煩時，想想這五句話：

一、一切終將過去。

二、一切都是最好的安排。

三、我只是累了，睡一覺就好。

四、我就是我，不高人一等，也不低人一等。

五、是我的終究是我的，不是我的也強求不來。

讀到「睡一覺就好」不免莞爾，這的確是媽媽偶爾調皮的消極做法，但隔日醒來，確實是重新容光煥發的她。

困難，終將會過去。媽媽的話，媽媽的字，提醒著我，安慰著我，帶領著我，也是媽媽給我們的祝福。

要習慣一個人。

「有時候一個人吃飯，有時候一個人看書，
有時候一個人旅行，有時候一個人逛街，
有時候一個人聽歌，有時候一個人看戲，
一定要習慣一個人，因為以後也是一個人離開世間。」

這是媽媽日記裡的一段話。

回想起來，工作退休後這二十多年來，她獨自一個人的時間很多。一方面因為弟弟與我皆在國外求學、工作、生活，另一方面是對工作全心投入的父親總是做得比需要的更多、更完善，因此媽媽的「空巢期」比許多母親來得更早，也更空。

近年許多書談到長輩對晚輩的「情緒勒索」，想來從未發生在媽媽與我們家人之間。從退休的那一年開始，媽媽在打理所有家事外，為自己安排了許多學習活動——畫畫、跳舞、歌唱，也積極參與社交活動——參加名為「悅野健走」的團體、退休老師們的聚會、各階段同學會，還有些是自我要求的事情——每日堅持的運動時間、定期參加藝文活動、每週固定要看幾本新書、每個月一定要涉獵各種新雜誌的新知等。她找尋自己興趣之所在，也認真準備考試，希望能擔任義工，把自己喜歡的事物介紹給同樣感興趣的參訪者，如美術館畫作解說、行政院古蹟導覽等，媽媽將退休後的生活過得比之前更豐富精采！

她總是與我們分享從中所獲得的美好，但從日記裡，才知道她是多麼用力鼓起勇氣成就許多自己的第一次——一個人走進咖啡廳點杯咖啡，坐下、放空、看人；一個人走進餐廳，坐下、研究菜單、點餐；一早一個人坐公車、轉捷運、走路、搭渡輪來回淡水與八里看沙雕、看河海；一個人在豔陽天搭公車、火車、走路到鶯歌的瓷窯，畫瓷盤燒瓷盤，再原路回家；一個人走路、搭車到九份老街走走，買了家人喜愛的小吃，再原路回家；一個人轉了三趟公車上陽明山擎天崗看牛、竹子湖看海芋，拍下眼前美景……，只要發現有興趣的新事物、新景點，媽媽總能興致勃勃的背上背包，自己查相關資訊，不論是基隆能直接看海的書店、淡水能看夕陽入海的西餐廳、福隆可以看日出的咖啡廳，各地各樣的花展、甚至著名養生村，都有媽媽自己努力、開心到達的足跡。

氣候或身體狀況不允許時，她就一個人在家靜靜作畫、看書、聽歌、翻翻舊照、寫寫字，心情總是寧靜喜悅。年輕時媽媽就養成剪報的習慣，她會把報上喜歡的文章

媽媽認為相聚很好，各自也好，如同畫中樹木林立卻也各自獨立。

傷心無法被抵銷，受了傷的自己仍是
隱隱作痛，時間会沖淡但不一定能治癒
可也請試著一直溫柔提醒自己，
不要過分用力地牢記著傷心，
記得也要去接住生命中發生的
那些美好時刻。

剪下，在旁畫些插圖、寫點感想，自成一個安靜富足的文青世界。以此看來，也許她從青春歲月就逐漸養成能自給自足、創造一個人小宇宙的能力。

我們總被動的接收她分享的所有美好：她拍的照片、寫的字、畫的圖，與溫暖訊息，現在細細回想，一位祖母級的女性，不願打擾先生兒孫，她是多麼努力把自己過得如此正向愉快，並將這些正能量與我們分享。沒有抱怨，沒有自憐。她總是說：「相聚很好，各自也很好。」

媽媽離開後，她的好友與我分享，原來剛退休時，媽媽曾在好友面前落淚，因為孩子們都不在身邊，她覺得非常不捨與失落。但這樣的心情，她一次也沒有對我們展露過，一點點都沒有。她從未對孩子在何處工作、如何生活有任何意見，只要我們工作順利、生活自足愉快，她就滿足。她也從未探詢孩子假期是否能夠相聚，或是將她納入考量，總是要我們以自己安排為主。如果我們相聚，媽媽日記一定寫著「好開心，好快樂。」也許，「要習慣一個人」是她在低落無奈時給自己的安慰與鼓勵，然後漸漸成為她自處的能力吧。

現在，這樣的能力在這個時代竟已成為「顯學」，人人都該好好學習。感謝媽媽為我們展現這樣的能力，帶給自己能量，也為周遭人帶來美好的漣漪。

媽媽的話

寵辱不驚，去留無礙。

有記憶以來，每每遇到重要場合，媽媽總會穿上旗袍。小時候難得從台中北上，不管是公務或旅遊，媽媽就會穿上旗袍，蹬上高跟鞋，像是難得到日月潭一趟，留下的就是媽媽穿旗袍踩高跟鞋的影像。雖然需要或抱或牽照顧跟在身旁小小的我，她仍堅持以此展現一派優雅。據說是因為她兒時看到地方教育單位首長夫人出席場合身著旗袍，故以此為志向。旗袍展現的高雅從容，一直是她所嚮往的。

在會計師錄取率低、執照還很難考取的那個年代，父親憑著自學考取了會計師執照。當時父親的自我期盼是在故鄉台中設立一間小型的會計師事務所，一樓是辦公室，住家在樓上，工作生活就在一方小天地裡，那是當時最美的夢想。後來因緣際會，父親進入中央政府，兢兢業業，潔身自愛，靠著對國家經濟發展的熱忱、過人的努力與負責的態度，一路做到中央政府最高文官，也擔任中華郵政董事長等職位，這是從沒想過的路。媽媽曾說，年輕時覺得父親若能當上地方教育單位的官員已是最好的發展。

有趣的是，隨著父親的官職愈來愈高，她穿旗袍的機率卻愈來愈低，以往年輕時覺得有機會就應著旗袍以示尊重，後來卻僅只在學校畢業典禮與家人的婚禮穿過。因為她與父親同心，一路走來，待人處事與生活皆是低調不張揚。許多與媽媽相識幾十年的同事，甚至是參加媽媽告別式才知道父親曾經的職銜，意外於媽媽竟如此低調，從不仗勢要求任何幫忙，總是與人為善、助人為樂。想來這一切，背後應是有極堅定的信念，才能始終如一。

媽媽曾分享過，某年她被調職到某一所學校，當時管理學務的主管為了要給媽媽這個新來者下馬威，故意安排她同時擔任不同年級、多個不同科目的老師。一般情況下，因為備課的專業與效率，通常一位老師只專職一個年級的一種科目，或者擔任班級導師。有些科目如自然、社會等通常一週只有兩堂課，因為身兼多年級、多科的老師，媽媽的課表變得非常凌亂瑣碎，不但需要花更多時間、精神備課，短暫的下課時間也得在不同棟樓間疲於奔命，還需處理同學年的各科老師、學生們的事務，比一般老師更為繁雜。

據說這位主管向來是「看高不看低」，對學校裡另一位配偶同樣任職於中央政府的同仁特別禮遇，其實父親的職位更高一截，但媽媽卻從未對任何人提起。雖然心中難免覺得無奈，但她決定接受這樣的安排，新到職的那幾年，就這樣任勞任怨按

澳洲黃金海岸海灣停泊的船隻，媽媽與父親同遊之處。此幅畫作曾經參展。

「知命」與「認命」不同。「認命」是消極的
態度，完全放棄生命的作為；
「知命」則是認知萬事萬物有其因緣
該來的總是會來，順逆皆然
若能知命，便能坦然面對人生的際遇。

照課表教課且盡力做到最好，漸漸在學生、家長、同事間建立了受人喜愛與尊敬的口碑。之後這位主管因民意所趨，安排媽媽擔任級任老師，又過幾年，媽媽因為深受學生與家長們的愛戴，又再調任為高年級資優班導師，人稱「王牌導師」，就是現在所謂的「A咖」，直到退休。

遇到這類不甚公平之事，媽媽總說，因為心裡「寵辱不驚」，所以可以「去留無礙」，不論在哪個職位，先要盡責盡分，最後就算要下台離開，風骨也要在，身影也要漂亮。

人生中「少些期盼，多些寬容，該

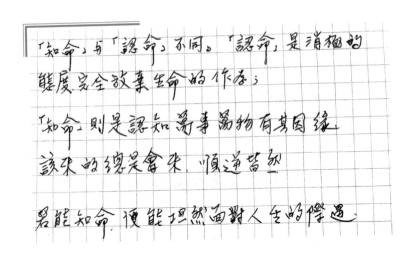

要寵辱不驚，去留無礙」。媽媽看似身型嬌小，卻擁有強大的心力，讓這些話不是虛幻的鼓勵之詞，而是真實的實踐。說來簡單，做來不易，但對媽媽而言，卻是最基本最自然的人生態度。

媽媽早已不需要用旗袍來展現自己的氣質，她的智慧讓她從此生的舞台下台時，身影仍是如此美麗優雅，永駐我心。

媽媽的話

俯仰無愧。

媽媽因自發性腦溢血倒下的前三天，是我最後一次與她喝咖啡。只要有機會，我們母女總喜歡找家咖啡店坐，邊喝邊聊。咖啡不是重點，嘰嘰喳喳才是重點。平時不喝咖啡、不愛閒聊的父親，那天竟神奇的說要加入我們。

那日不知為何我突然問他們，人生走到現在有什麼感想？媽媽搶先回答：「我覺得我的人生俯仰無愧，我很滿意。」當時我笑著摟了媽媽一下，完全同意。看媽媽講得輕鬆，但做到「俯仰無愧」談何容易？

她首先是女兒、是姊妹、是朋友、是老師，也是妻子、是媽媽、是媳婦、是岳母、是婆婆、是阿嬤、是長輩、是前輩，也是陌生人眼中面慈心善的人。媽媽總說，所有角色只求無愧無憾，但其實她做得永遠比這個標準高出許多。

女兒：連結三代情

同樣身為女兒，媽媽是我致力學習的對象。小時候每次跟媽媽回外婆家，記得她一定換上最漂亮的衣服、刻意擦上指甲油，甚至戴上耳環，這些都是平日生活緊湊忙碌的她不會做的，但她說，要讓外婆看見她最美的樣子，因為媽媽總喜歡看女兒過得好，才會放心。

小學時剛學會注音符號，媽媽就鼓勵我一週寫一封信給外婆，問候她並跟她分享生活。長大後我才知道，受日式教育的外婆根本看不懂注音符號，內容大多是透過媽媽與外婆通電話大致告知的。但寫信給外婆這個習慣從學生時代一直延續著，到美國讀研究所，甚至結婚前，我也會偶爾寫信給外婆，時而加點塗鴉，或者隨信寄上一些照片，與她分享。

小學與中學時期如有放假，媽媽會鼓勵我自己一個人搭車到南部找外婆。那時要到外婆家，得搖搖晃晃搭四個多小時的長途巴士，下車時外婆一定早已在站牌引領等待許久。住在外婆家，清晨黃昏的散步，教我料理時的閒聊，睡前的懷舊，甚至三更半夜醒來發現外婆起身後無法入睡，一起靜看窗外時的談心，在在都拉進外婆與我之間的距離。外婆喜愛的粉粿、喜歡在隨身包包帶幾顆小糖果或酸梅，以及必定隨身攜帶手帕的喜好與習慣，至今仍深深影響我。

我結婚前幾個月，媽媽將我們拍的婚紗照全部多沖洗了一份寄給外婆。據外婆說，她愛極了看這些婚紗照，每晚都要拿出來看幾遍才愉快入睡。婚禮在雅加達舉

外婆抱著嬰兒時期的媽媽。這是媽媽根據黑白舊照所畫，顏色全憑想像。

辦，當時已高齡久未出國的外婆堅持飛來參加，且是有史以來最盛裝打扮的一次。一整天的婚禮流程，外婆總是笑意盈盈的看著，不在台灣的婚禮，她覺得特別新奇有趣，整日精神都很高亢。當晚所有活動結束，外婆緊緊握著我的雙手說：「要好好的，好好的，知道嗎？」眼神裡全是深深的祝福。據媽媽轉述，外婆回台後仍開心許久，又常常把婚禮當天的照片拿出來回味，說我是她的孫子中第一個結婚的，只可惜也是她在世時的唯一一個。只一年後，外婆便與塵世道別了。

受到媽媽潛移默化，婚後只要有機會與她相聚，我定也將自己好好打理一番，為的是讓她放心。媽媽欣賞稱讚我：「水喔！」的眼神中，充滿愛與欣慰，是那樣的眼神，鼓舞了我。當自己的孩子學會用電腦打中文字，我就鼓勵他們一週寫一次電子郵件給外公外婆。猶記得媽媽第一次收到孫子們的中文電子信件時的雀躍興奮，之後她與孫子每週電子郵件往來，不但溫暖回應孫子們的分享，更多的是用淺顯易懂的文字給予智慧的提點，與暖暖的祝福。在這樣的心靈交流中，祖孫互相瞭解，也有更深刻的連結。

自己當母親後才更能體會，這些都是一個女兒對母親深深的愛，並希望能將這份愛傳達延續至下一代。因為這是除了現實物質生活的回饋外，對父母更深更廣更久遠的依戀。

老師：高票當選「最受歡迎人物」

媽媽畢業於嘉義師專，第一份工作即擔任台南縣新營國小資賦優異兒童教育實驗班教師，當時是全省最年輕的教師。她的氣質溫婉高雅，穿著優雅時尚，但卻是那種下課會脫下高跟鞋與孩子們一起玩跳格子的老師，年輕有活力，對教育更充滿熱情與責任感。

婚後曾於台中市與台北市的國小擔任美術資優班教師，直至屆齡退休。媽媽注重學生們的品格勝於學業，珍視與學生間的情感交流多過鞭策學生取得制式榮譽。資優班學生家長多是社會菁英，卻未必有相對應的品德，尤其是對師長的要求與態度。媽媽仍舊秉持「不卑不亢，不忮不求」的態度，更特別注意學校教育是否能幫助補強家庭教育的不足之處。

某屆美術資優班學生在年末曾舉辦「最受歡迎人物」票選，原本是同學之間有趣的活動，沒想到票選結果揭曉，竟是「郭惠連老師」高票當選，票數還是第二名的兩倍之多。孩子們純真的心意與默契，讓人不禁莞爾，郭老師在孩子們心中的角色，不言可喻。

媽媽會特別注意一些需要關切的孩子，甚至在他們成長期間投以更多關注，偶爾還會親手寫信，寄上關心與祝福。絕大部分學生都對這份溫暖的關切之意，感銘於心。爾後多年的教師節，家中信箱多有這些學生的謝卡與信件，甚至相約一起回來問候老師。

更神奇的是，媽媽對於教過學生們的姓名幾乎都能記得，偶然在報章雜誌上看到學生的名字，例如已擔任大學教授的學生發表文章，她都會認真閱讀並寫信（近年使用電子郵件）回饋，收到的學生們往往驚喜於郭老師持續關懷的真誠心意。

有次，媽媽在媒體報導看到一位留法回台的主廚在台北某處經營餐廳，只依名字就判斷應是自己二十多年前教過的學生，她隨即親手寫信給該班仍有聯繫的學生，約定舉辦二十年同學會，地點就選在該餐廳，還特別打電話去訂位。由老師發起張羅小學同學會大概鮮少耳聞，那天到場的小學同學竟將近二十位也很不易。那位留法主廚透過開放式廚房看到這聚會，定睛一看是自己的小學老師，再看竟還有自己的小學同學們，當場激動不已。那天我剛好陪著媽媽一起，親眼看見大家相聚的溫暖與感動。這一切安排，就是來自深受大家尊敬喜愛的郭老師。

結帳時，主廚很難為情的說：「創業維艱，很抱歉沒有辦法給任何折扣。」媽媽笑著拍拍他的肩說：「這麼好吃又有特色，很棒！繼續加油！我們來是支持，不是要折扣。」

還記得媽媽步出餐廳時，臉上盡是溫暖與滿足——看見長大了的學生們的滿足，知道大家都很努力的滿足，而這份滿足定然也來自她感受到學生對她滿滿的愛。

媽媽離開後至今，仍有學生到她的臉書留言，表達感激與想念之意。對於珍惜這份師生情緣的學生們，我深深感動也感激，多麼希望媽媽也都知道。

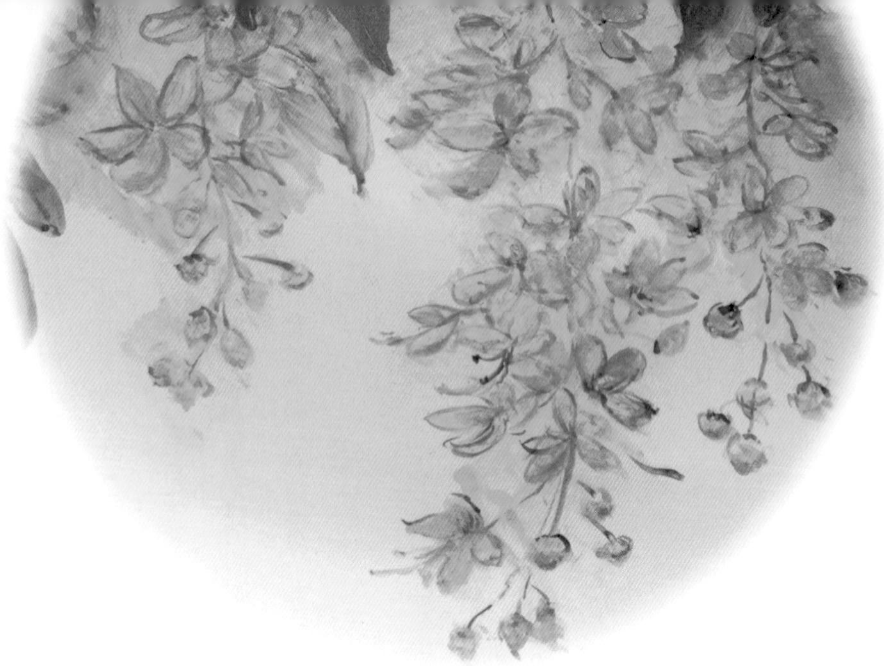

媽媽的話

為自己許一個好願。

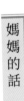

每當一年之始，媽媽啟用新日記時，總會慎重的在首頁抄寫一遍《心經》，其後接著寫下「為自己許一個好願」：

希望我這一生之中，不說謊，不造假，不投機取巧，不損人利己。我願盡分盡責，隨分隨力，使自己健康平安快樂，也使他人健康平安快樂。

一年又一年為自己許下這樣的好願，直到媽媽倒下的前十天，她才剛剛啟用了二〇二三年的日記本，一翻開，仍舊寫著同樣的願望。在她病床旁，我握著她的手，仔細端詳媽媽的臉龐，想著，媽媽果然用一生展現並實現這樣的心願！這樣的願望沒有華麗的辭藻，也不是宏圖偉大的志向，聽似簡單，仔細想來，卻又如此不易。

媽媽真誠善良，從小到大，我沒有聽她說過一句敷衍或欺騙的話，不論是對家人或是外人。若聽到有人大言不慚的睜眼說瞎話，就算是電視上的人物，她也一定不以為然的「哼」一聲說：「安捏都說得出口。」其實對方也聽不到，但是媽媽善惡分明，嫉惡如仇，對於說謊、造假、投機取巧，說什麼也要用言語、眼神表達出對這類人的不贊同。毫不掩飾的那份可愛，像極了武俠小說中正氣凜然的俠女，有一股「欲將對方一掌擊斃」之勢，就算當事者近在眼前也絲毫不在乎，有時看得我不禁捏把冷汗，但媽媽真的是無所畏懼。

許多人遇事不知該如何時會說：「算了，隨緣吧。」但媽媽說：「隨緣盡分，盡分了才能說隨緣。」她在人生的每個角色上的確都是如此。她許願「使自己健康平安快樂，也使他人健康平安快樂。」與願望稍有不同的是，媽媽總是視「他人的健康平安快樂」更勝於自身。若家人朋友有病痛煩惱，她總是苦其所苦，惱其所煩，總想著自己能為之做些什麼以減輕親友之苦煩，有時甚至會數晚輾轉難眠，直至她覺得已盡己之力關心幫忙。

從小學校常要求我們寫作文〈我的願望〉，想想自己長大想做什麼、成為什麼？媽媽從沒問過我們，也從沒希望我們能成為多了不起的人，成就多了不起的事。在她心中，最棒的就是自己知道怎麼開心過生活，其他的在她心中都是「無效」（閩南語，沒有用處）的。對於孩孫，她從不在乎課業是否到達世俗標準的「優秀」，也不在意什麼比賽獎項，一直以來她只關注身體是否健康、生活是否開心，祈願我們健康

仿米勒作品「晚禱」，媽媽的瓷盤畫作品。

平安快樂。

記得有次我的工作碰到極大挑戰。一起工作長達七年，深得我信任的同事居然主導公司內部集體舞弊，內部稽核時像突然拉出一串葡萄，一樁樁一件件層出疊見，不僅影響公司營運，更讓我對人性覺得心寒。這位同事為了自保，竟還找了非法管道的勢力，希望藉著恐嚇讓我輕放，其他同事們甚至建議我請保鏢同行。有天我與媽媽笑談此事，原本說笑的重點是沒想到我的生活也像演電視劇般，竟可能有保鏢隨行的一天。出乎意料之外，媽媽竟為此數夜不能成眠，原本認為人該自勉，不需求神問卜的她，還特別到香火鼎盛的廟宇為我祈福求籤，抽到吉籤才放下心中大石，反過來安慰我定能大事化小，要我不用擔心。

當時我一直認為法律證據確鑿，相信社會還有基本公義，實在沒有特別憂慮自己的安全或事情未來的發展，沒想到卻讓媽媽如此掛懷，想想實在內疚不已。媽媽甚至還告訴我，工作上所有職位都是短暫的，不會永遠，如做到讓自己生活受威脅，真是不要也罷。她只求我平安，只要我身心愉快，其他都不重要。

從小，媽媽常對我們讚揚父親的好，要我們瞭解並體貼父親的辛勞。長大後，媽媽也常趁機對孫子講述我們當父母的偉大，要孩子們多感受並多關懷自己的父母。如果我們的家庭能因此互相瞭解體諒，彼此尊敬愛護支持，那全是因為媽媽，但她卻一次也沒有提過自己的辛勞、苦勞與功勞，彷彿她所做的一切都是應該且平凡無奇。

我們何其有幸，因著媽媽對自己許下的好願，讓我們在與她交集的生命中，能有平安幸福的感受。如今，我也想承接媽媽的心願，許下這個好願，願自己今生：

不說謊，不造假，不投機取巧，不損人利己。我願盡分盡責，隨分隨力，使自己健康平安快樂，也使他人健康平安快樂。

媽媽的話

珍視手足善緣。

媽媽與四位手足的情感，是世間少有的好緣。就算各自成家，彼此仍聯繫緊密，相互支持。外公外婆離世後勤儉刻苦所留下的存款與地產，五個兄弟姊妹竟是找理由相互推讓，都覺得其他人應多得一些，不需均分，這樣的家風大概並不常見。

媽媽的弟弟與妹妹曾分別在大學期間與出社會後，於我們家中住上幾年。親人們都感念父親愛屋及烏的歡迎接納，媽媽對手足至親的照顧，更不言可喻。一起居住在空間不大的公寓裡，每個人上學、工作生活作息也不同，弟弟與我也都還就讀幼稚園與小學，正是需要媽媽看顧的年紀，但是媽媽總能周到的照顧到每個人的食衣住行，讓大家一起生活得舒適自在又溫馨。

時光飛逝，多年後媽媽手足們的孩子，有些也曾在出社會後於我們家中住上數月至數年不等。對於這些剛出社會的晚輩，她也定噓寒問暖的照料著，比照對父親的標準處理——出門前幫忙準備好早餐與水果，如果下班回家太晚錯過開飯時間，必聯絡並算好時間，再將晚餐弄熱，讓他們吃了可暖胃。年輕世代或有不同的生活習慣與想法，但媽媽的開明理解與打從心底的關愛，晚輩都深深感受著。

媽媽深愛手足們。住南部的姊姊因年紀漸長深受眼疾之苦，媽媽幫她尋找北部名醫，牽著她的手小心翼翼一路陪著候診就醫。為了不讓姊姊難受，再尋找途中適合安靜休息的咖啡廳，帶著姊姊轉換心情，陪著姊姊東聊西聊，讓她舒心並暫忘煩苦。如果逛街買衣物，定也幫年齡相仿的姊姊一起挑選、寄送。

住屏東的妹妹是生死學名師，常受邀於全台各處開課演講。法鼓山位於新北市金山的總本山曾邀請她每週開課，長達一年多，媽媽就這樣每週安排一天，專門陪著妹妹從台北市搭車、轉車數趟上山，妹妹上課，她就在台下聽著、等著，下課後再一起搭車回到台北市。法鼓山位於北投的雲來寺也曾邀請她每週開課，媽媽也特別排出時間，每週陪著她搭公車轉捷運、再步行數十分鐘至雲來寺。同樣的，妹妹上課，她就在旁邊聽著，等著，再一起搭車回到台北市。風雨無阻，從不缺席。媽媽常笑稱自己是「護持名師」，其實那只是單純對妹妹深廣的愛護。

媽媽也以自己的兩位弟弟為傲，總說天底下找不到這麼棒的兄弟，對外光耀門楣，對內皆是擔得起重責又愛家的好男兒。媽媽對兄弟的愛更延伸至他們各自的伴侶，她常說，要感謝弟妹與弟弟彼此照顧，一家和樂。有些家庭的「毒姑」（惡毒的小姑）問題，媽媽的弟妹們從無須擔心。

媽媽畫孫女（小女）與孫子（小兒）的手足之情。

不只對娘家手足，對父親的手足與其子女，媽媽也用心看護著。記得有年聖誕節假期（當時為行憲紀念日），祖母帶著我的三位姑姑與她們的孩子來台北，晚上媽媽在家中悉心安排所有人睡覺之處（祖母生性極為節儉，堅持絕不可以花錢住外面的飯店）。雖然只是讓七個小孩在客廳打地鋪，媽媽卻將環境整理裝飾得極為溫馨，還有濃濃的聖誕節氣息。小孩們不因為擠地鋪而覺得不適，反而因為可愛的布置覺得新鮮有趣。第二天是聖誕節，早上起床，每個小孩都驚喜發現枕頭邊各放了一個聖誕禮物，禮物依著喜好因人而異，大家都好開心！至今我仍記得媽媽看著大家開心歡呼時臉上歡欣的表情。

仔細回想，實在不知每天如此忙碌的媽媽，到底是何時擠出時間做如此萬全的準備。記得當時這些表兄弟姊妹都興奮的說，這是他們第一次收到聖誕老公公送的聖誕節禮物！媽媽的細心周到，由此可見一斑。當媽媽最後在加護病房時，三位姑姑前來探視，當時她們哭著異口同聲對媽媽說：「妳是世界上最好的大嫂啊！」當下我多麼希望，不用等到媽媽在病床，她們能更早一些明白表達心中所感。

身為雙方家庭的手足，媽媽一生的確比俯仰無愧做到更多。

對於弟弟與我，從小媽媽就告訴我們：「姊弟只有兩人，必互相照顧扶持。」在預立遺囑上還特別叮囑：「手足若因錢財而吵架是最無聊的事。」媽媽驟離後，弟弟與我更加緊密，成為彼此的後盾與出口，我們能一起懷想兒時，一起面對現在，一起計畫未來。

手足，真的是父母給我們最珍貴的禮物。

媽媽的話

涓滴之恩，湧泉以饋。

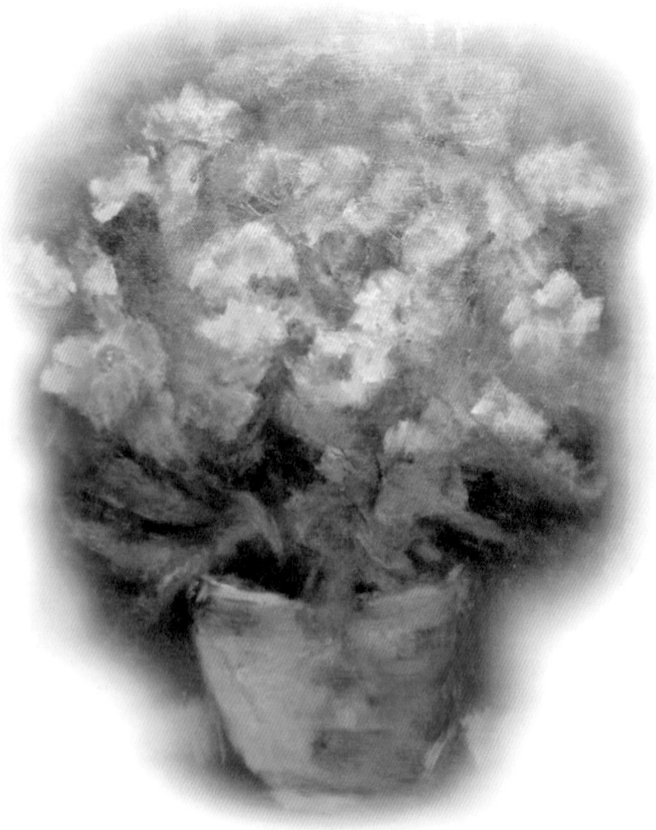

有次爸媽步行準備參加聚餐，走到半路，媽媽膝蓋突然劇痛，竟無法邁步，剛巧一旁是間藥妝店，爸爸快步走向店員借張椅子讓媽媽稍坐，並請店員幫忙照看一下媽媽，自己旋即飛奔回家開車。等待的時間，兩位店員輪流關心，爸爸的車一到，她們一起幫忙攙扶媽媽上車。爸爸直接載媽媽就醫，吃藥休養了幾週，幸而好轉復原。媽媽康復後能出門的第一件事，就是去買兩盒甜點，寫了兩張謝卡，提到當時那家藥妝店去謝謝兩位店員，店員們驚喜萬分。媽媽說，當時幫忙攙扶的還有一位路人，可惜她無法當面致謝，只能在心中感謝。

「受恩刻石，仇怨寫沙。」這是從小爸媽常提醒我們的：對於別人給予的幫助定要牢記，如深刻石頭上，至於別人帶給我們的逆境，則將之寫在沙上，隨風隨浪而逝，無須背負行走。媽媽特別告訴我們：「涓滴之恩，湧泉以饋」，對於所受恩情，必當加倍奉還。

媽媽常說，對於雪中送炭的人，我們要特別記得。當我們遭逢急難或是低谷，願意主動關心我們，給予我們支持鼓勵的，都要深記。也許因為從小聽著，對於曾對父母與我們家庭展現溫暖善意與支持的人，名字我都一一記下了。也因此有些父母的友人很訝異於我對長輩們的情誼與事情知之不少，實則是父母的教誨，不敢忘記。

例如媽媽的二姑。在生活匱乏一切不易的那個年代，大家庭生活實在艱難，但二姑婆總是在能力所及範圍內，慈藹呵護媽媽及她的手足們。雖然長大後見面機會不多，但這樣的兒時溫暖，媽媽謹記在心，只要有機會必拜訪關懷。

二姑婆老後，媽媽耐心教導她提筆作畫，為她的年老生活加添色彩；為她籌備慶生，讓她有機會與大家族的兒孫共歡；重要時刻如家中整修完工或有兒孫輩大學畢業等，也會邀她北上一起共享生活中的大事。這些都源於媽媽念茲在茲，孩提時感受到二姑婆所帶來關懷的溫馨。

可幸的是，父親與媽媽心有同感，對於長輩們更是力求圖報。自己克勤克儉，對祖父母卻可讓他們完全無經濟後顧之憂，尤其老病期間，更親力親為照料：一小口一小口流質食物耐心餵食、長輩不小心噎嗆吐出的食物快快用雙手捧接安撫、忙碌工作以外的週末兩天全心陪伴，推輪椅到戶外慢行賞景聊天安慰等，堅持數年，沒有例外，直至祖父母安詳壽終正寢。祖母曾說，生父親一個兒子，勝過得了一大甲田地，我想那是一個生於農業時代的母親最大的驕傲。

以「湧泉」回報「滴水」，是媽媽的身教之一。

對於早年已鰥寡的岳母（我的外婆），父親感念她同意求娶媽媽，言行總是細心、耐心與體貼，常邀北上同住共聚，讓她能偶換環境與兒孫共享天倫；共行時不論晴雨天皆為她撐傘，小心呵護長輩而行；每週一定打電話請安聊天，如此數十年直到外婆離世。連外婆的姊妹都曾說，她們多年想要尋找這樣優秀又孝順貼心的女婿不可得，才發現世上原來只有一個這樣的女婿。

媽媽對廣義師恩更不吝表達敬意。退休後報名社區活動中心的各種課程，跳舞、唱歌、鉛筆畫……，只要逢教師節、老師生日或年節等，不論老師是年輕世代，或是退休大德，媽媽定然手寫卡片，用心準備鮮花小禮，除了表達感謝與敬意，也希望能為這些教導她的老師們帶來一些生活的喜悅。

媽媽離世前一個月，隸屬的合唱團有歲末團聚，媽媽特別自費買了兩大束鮮花並準備手寫卡片，送給八十多歲高齡的指導老師，這份驚喜讓老師笑開懷。甚至對於家附近診所的醫師，媽媽感念他親切的照顧和視病猶親的醫德，只要有機會也會準備小禮表達我們的敬意與謝意。

從小看著父母的身影，「涓滴之恩，湧泉以饋」深刻腦海。但媽媽也常說，「湧泉以饋」這件事只能自勉，不可外求。自己能力所及，在旁人需要時拉人一把，千萬無須將自己所幫的忙一一記下，盼求他人感恩涕零的記住或回報。因為這是我們自己生命價值與意義之所在，與他人無關，無須他人以報答來彰顯我們。

爸媽也告訴我們，做人要厚道，切不可苛薄，不論是言語或行為；嘴巴要留口德，處事要為人留後路。當然在這個複雜的人世不免遇到忘恩負義、過河拆橋之人，可幸的是，因為父母的關係，讓我們感受到人性真善美的卻更有人在。

我從爸媽身上不只學習了知恩圖報，更重要的是即時表達。我深信所有與媽媽有過交集的長輩師長親人友人們，定都已感受過她的感恩謝意。想想真是佩服媽媽知行合一的行動力，這輩子她「給」出的遠多於收「受」的，而所受的，又加倍給出。如此，當須告別塵世時，猜想她心中定是少罣少礙，輕盈瀟灑自在！

媽媽的話

記住幸福的時刻。

「剛剛坐下喝一杯咖啡，覺得很幸福。」媽媽發了一張咖啡照訊息。

「剛剛完成一幅畫，覺得很幸福。」媽媽發了一張她的畫作照。

「到圖書館看了好幾本新的雜誌，圖書館就在家附近，覺得很幸福。」媽媽發了一張所看雜誌的照片。

「公園的櫻花／阿勃勒／流蘇開了，可以自己到自己想去的地方走走，覺得很幸福。」媽媽發了好多張滿樹繁花的美照。

「家裡窗戶望出去剛好一片綠意，覺得很幸福。」媽媽發了一張家中窗外充滿綠意的照片。

「天冷時家裡有溫暖的馬桶可以坐，覺得好幸福。」媽媽發了一個好幸福的貼圖。

像這樣林林總總的幸福訊息，常常出現在我們家人對話群組。

大部分時候，我都正好忙著，但看到媽媽的訊息，頓時也覺得很幸福，好像她的幸福瞬間穿越幾千公里，滿溢到我心裡，讓我忙得更有力量，同時更感覺踏實。

媽媽總能在看似平淡的生活裡找到璀璨的亮點，在看似平凡的日子裡發現值得喜悅的瞬間，很容易知足，很容易滿足，心中總是充滿感恩。

媽媽的日記寫著，提醒自己，「要記住幸福的時刻」。我們的日子當然不可能永遠都順遂、歡樂，定然有困頓低落的時候，也會有憂傷灰暗的時刻。記住幸福的時刻，就好像在我們自己的「幸福銀行」存款，心力低落時，翻看「幸福存摺」，提醒自己曾有過的幸福時刻，即便只是瞬間的感受，都可能成為我們重新站起來的力量。

改編自百老匯音樂劇的老電影《真善美》（*The Sound of Music*），劇中歌曲傳唱至今已超過五十年，其中有一首〈我最喜歡的事〉（My Favorite Things），歌詞提到：「玫瑰花上晶透的雨滴，貓咪的可愛鬍鬚……，好吃的蘋果派，灑在飛翔野雁上的月光……，都是我喜歡的事，當我憂傷時，想起這些我最喜愛的事，就不那麼難過了。」

我想，記住幸福的時刻，就是如此。

許多在旁人眼中或許是習以為常、微不足道的小事，但媽媽總能感受著、記錄著這些幸福的時刻，並樂於與所愛之人分享，她應不知道這樣「感染幸福」帶給我們的力量是如此強大。

美國紐約市中央公園。2001年8月，曾帶媽媽至紐約一遊，當時世貿雙子星大樓依然矗立。

「謝謝你們陪我去試新餐廳。」

「謝謝你們帶我去玩。」

「謝謝妳撥空一起喝咖啡泡湯，讓我覺得幸福無比。」

「謝謝你們幫阿嬤點餐，還幫我端餐點。」

「謝謝此生相伴。」

「謝謝你們南北奔波相聚。」

或許因為媽媽內心總是充滿感謝，因而更容易感受幸福。當她分享這些幸福的感受，就像和煦溫暖的陽光，周遭的人都能一起感受發散而出的暖意。她也不吝真誠表達這些感謝，對孩子、孫子、先生、手足、親人、朋友，甚至陌生人。我們感受到被珍惜、被重視、被感謝，也更能感受到自身生命的價值。

說也奇怪，媽媽離世前幾個月，她在我生日當天連寄了好多我們共遊的照片給我，訊息寫著：「我們有好多美好的時刻。很幸福。」誰也沒想到，那竟是她離開前，我的最後一個母難日。訊息好像是提前為我打預防針，事先提醒我要記住，有過幸福，就很幸福。

母親節　余光中詩

我最忘情的哭聲有兩次
一次，在我生命的開始
一次，在妳生命的告終
第一次，我不會記得，是聽你說的
第二次，妳不會曉得，我說也沒有用
但兩次哭聲的中間啊
有無窮無盡的笑聲
一遍一遍又一遍
迴盪了整整三十年
妳都曉得，我都記得

Leon 2021.5.9

母親節　俞天寫寫字

想起余光中老師寫「母難日」：

今生今世，我最忘情的哭聲有兩次，一次，在我生命的開始；一次，在妳生命的告終。第一次，我不會記得，是聽妳說的；第二次，妳不會曉得，我說也沒用。但兩次哭聲的中間啊，有無窮無盡的笑聲，一遍又一遍，迴盪了整整三十年，妳都曉得，我都記得。

其實當醫療偵測儀器顯示媽媽的生命徵象停止，醫師正式宣告時，我並未大哭，事實上連一滴淚我都沒有讓它掉下來，因為不希望讓媽媽不捨，擔心，希望媽媽放心，安心。我在心裡、腦海裡，努力翻看著自己與媽媽的幸福存摺，一遍又一遍，一遍又一遍。猶記得生日那天當我讀著媽媽的訊息時，雖然正忙碌工作著，但我也覺得好幸福：如能相聚是幸福，能讓媽媽覺得幸福更感幸福。

余光中老師寫著：

……矛盾的世界啊，不論初見或永別，我總是對妳大哭，哭世界始於妳一笑，而幸福終於妳閉目。……這世界從妳走後，變得已不能指認，唯一不變的只有，對妳永久的感恩。

記得媽媽曾歡喜的送給我一個背包吊飾，上面繡著「有幸福」。對，有過幸福，就是幸福，要記住幸福的時刻。媽媽定然希望我能繼續感受、創造，並珍惜生命中的幸福。余老師寫出所有孺慕之情之人的感受——唯一不變的，就是永久的感恩。

媽媽的話

沒有完美的人生，
不完美才是人生。

新冠疫情後的聖誕假期，返台與家人短暫相聚後又飛回僑居地雅加達，三天後，就收到家人通知媽媽在家倒下，緊急送醫後再也沒有醒來。

陪伴媽媽於病床邊的那幾日，我腦中一直浮現一顆柿子。我非常喜愛吃柿子，可惜那是秋天才產的水果，移居雅加達這二十多年來，回台灣的時間非暑即寒，一直很少有機會吃到柿子。在與媽媽最後相聚的那個聖誕假期，有天回到家中，竟看到餐桌上擺著一顆切好的柿子，真是喜出望外！媽媽在旁笑著說：「很難找啊，找了好幾個水果攤只發現這一顆。來，Douzo（日語：請）。」

通常我習慣為珍貴食物先拍照留影，但當時實在太興奮，三兩下就把那顆柿子吞入肚內，根本忘記拍照這件事，吃完後有點懊惱，說自己忘記拍，下次要記得，媽媽笑說：「今年沒有了喔，都已經這麼冷了，好不容易只找到這顆，有吃到就好。」當時說什麼也想不到短短十幾日後發生的事，那竟是媽媽為我尋來的最後一顆柿子，吃進肚子的是紅通通的可愛柿子，感受到的是世界上最瞭解我、最疼愛我的那份母愛。如今再也無法為任何一顆媽媽切好的柿子拍照，再也不能了。冰箱裡還有媽媽為我買的柿餅，都還沒吃呢，媽媽已經永遠離開。

媽媽入院手術後第三天，加護病房的醫師評估後告知我們，媽媽的情況或許還有兩成轉圜機會，雖然預後情況尚不明朗，但如果我們考慮轉院，綜合判斷仍是可行。當時家人們燃起很大希望，慎重討論起轉院事宜，但當一切準備看似就緒，加護病房突然來電，說媽媽的情況急轉直下，要我們半小時內趕到病房以免遺憾。我們匆忙趕到，即便醫護並未做特別處理，奇蹟似的所有生命指數又恢復，只是腦壓仍高，醫師建議再做檢查，釐清突然惡化的原因。

檢查後，醫師告知原因正是他們最擔心的事——腦部再度出血，而且面積比之前更大。急診室醫師婉轉的告訴我們，媽媽的狀況已不適合移動轉院，中樞神經因為二次出血受到很大壓迫，預後可能也不似之前想像樂觀。主治醫師根據經驗判斷告知，這次出血已造成不可逆轉的腦死，轉院也因而變成多此一舉。兩位醫師的清楚說明，對我卻如千刀萬劍刺進我心，不敢相信瞬間變化竟將成為生死別離。

我向醫院申請所有檢查報告與影像資料，深夜飛奔到任職於台大醫院腦科的友人家中，拜託他幫忙判讀。感謝他的仁心，為了更精準，他特別將資料帶到醫院用專業設備判讀。在那個寒風刺骨的夜裡，我漫步走在台北街頭，絕望的黑暗將我籠罩，自

媽媽與父親共遊高雄，畫下清晨散步所見的愛河景色。

我催眠這一切都是夢，白天醒了，一切都會恢復的！

等了分秒如年的一段時間後，友人的來電將我擊醒：「我只能跟妳說，這完全沒救了。」「完全沒救了。」這句話一次次在我腦海裡重複，寒冷的深夜，覺得自己好像掉入冰冷深沉黑暗的大海裡，什麼都看不到聽不見，連呼吸都覺得多餘。

我不知道怎麼辦。在此之前，有時碰到不知道怎麼辦時，喜歡撒嬌問媽媽：「怎麼辦？」許多時候她其實無法給我答案，但只要能視訊，看看她，聽聽她的聲音，我就會突然有勇氣，突然知道該怎麼做了。可是，現在又該怎麼辦？已經無法看到她的笑容，聽到她的聲音，頓時我失去所有的勇氣，已完全沒有想法。

接下來該怎麼辦？老天在開玩笑嗎？媽媽的生命離台灣女性平均壽命還有十五年啊！我們還要一起去日本看紫藤園呢。我們約了將近十年，因為我的時間一直無法配合，好不容易終於排定隔年四月成行，兩人都很興奮期待。但是現在才一月呀，媽媽就倒下了。如果不是為了等我，她應該早已成行，想到此，我的心碎成片片。

原本的轉院計畫就此打住，冥冥之中，感覺是媽媽不願我們再就此事傷神，從不願麻煩任何人的媽媽想到轉院可能的勞師動眾，以及腦部受損後復健的漫漫長路，或者她的神識聽到我們的討論？所以用她唯一能做的方法，向我們展現她的決定，希望我們打消此意。她不願拖累任何人，寧願自己決定，瀟灑揮別。到人生的最後一刻，仍是心心念念為著所愛之人著想。媽媽的中樞神經嚴重受損，照理說已不會流淚，但當我們與她最後話別時，她的右眼角竟流出一滴淚。這滴淚，應是她做此決定後對我們與塵世萬分的不捨，但卻又不得不為的難過吧。

「人生是尋找一種最適合自己的速度——莫因疾進而不堪重荷，莫因遲緩而空耗生命。」這是媽媽寫在日記裡的。她曾說豔羨北歐人平均臥床只兩週就離世，相較於台灣平均臥床六、七年真是折磨。果然，入院兩週後她就呼出最後一口氣，完全符合她的念想，完全不願只是倚賴維生機器空耗生命。

那顆柿子，那滴淚，那份摯愛，那種巨痛，都是媽媽給予的，生命的養分。

「生命要有裂痕，陽光才能照得進來。願我們所經歷的破碎，都可以為生命帶來亮光。沒有完美的人生，不完美才是人生。」這是媽媽曾與我分享的文字，我還在尋找此刻破碎的心能帶來何種生命亮光，但我將一直找尋，因為這定是媽媽所樂見的。

媽媽的話

聚時
真心以待，
散時
絕不回頭。

對於在生命中有緣相識的人，媽媽總是真心相待，對一面之緣的人如此，對於緣分深厚的家人親友更是如此。

記得弟弟第一次帶結婚對象與家人見面時，看得出兩人的緊張，也看得出弟弟愛護心切的言行。聚餐結束相互道別後，我自然而然想要與媽媽討論一番，開口問媽媽覺得對方如何？媽媽看了我一眼後只說：「不管怎樣，都是她父母的寶貝，不要在背後談論別人的女兒，妳以後也不要批評。」

本來已準備好滿腔評論想大肆分享的我，頓時像是被針戳了一下的氣球，氣猛然狂瀉，我的「熱血觀察」也突然蹦不出任何一字。媽媽簡單的一句話，讓我汗顏的深刻反省：怎麼會忘了自己曾多年身處先生大家庭中，因為明槍暗箭、酸言閒語帶來的傷心與傷神？一次次受傷的當時，明明告訴自己，絕不降格有同樣的舉止，那麼自己現在這樣準備好好八卦一番的心態又是什麼呢？

至今，數年已過，我仍深深記得媽媽的提醒。

弟妹曾說，許多她周遭的同事或友人總抱怨，週末回公婆家是件不得不為的厭煩事。但對她而言，卻總是期盼著週末的到來，心裡也常計畫著可以與公婆如何共享週末。她說媽媽是她的「好夥伴」，在媽媽身邊總能感受到母親對女兒般的溫暖關心與疼愛。

媽媽的真心相待，讓弟妹在最短時間內開心融入我們家庭。愛人者人恆愛之，弟妹對媽媽的貼心——總隨時注意媽媽因膝蓋老化偶爾不穩的步伐；在家或公共場所，隨時注意媽媽是否需要即時的協助；媽媽也許不經意間提到的物品，弟妹總能用最快速度為她搜尋取得等。這樣的細心讓我心生感謝與感動，媽媽也總用滿意的眼神微笑的看著媳婦。

媽媽離開塵世最後的衣物，是我牽著弟妹的手一起討論挑選的。我知道，這樣做出的決定，媽媽一定更滿意。

媽媽往生後，許多她常提及以「心」相交的好友，因為對媽媽的突然離去感到傷心與失落，轉而與我聯繫，一方面對我們家人表達關切與鼓勵，一方面是與我相互取暖。媽媽驟別，讓我們不及道別且難以接受承受。媽媽好友們真切的溫暖，讓我更深刻感受到媽媽以「是否真心相待」為擇友基準與寬以待人的真誠。這些真摯的情感，不因媽媽離去而消逝，反而更綿密，點滴感受在心。

以心相交，方能長久相待，媽媽一生真的確實做到。

媽媽往生至告別式僅短短三日，禮儀公司說，這是他們接手過準備時間最短且最具挑戰性的一次。那幾日寒流發威，台北特別的冷，而且仍是在農曆年節期間，為了維持媽媽一貫低調、不願麻煩別人的作風，她往生後我們只通知非常少數親近的親友。完全沒料想到的是，當日從全台北、中、南、東來與媽媽做最後道別的親朋好友竟擠爆整個場地，排隊人龍綿延，以致引發多位殯儀館工作人員的好奇查看，因為他們說沒見過在這樣寒冷的年節，竟有這麼多人前來參加告別式，本以為是社會知名達官顯貴，但看看名字又不甚熟悉。

除此之外，讓我們驚訝與感念的，還有父親公務上認識幾十年的老友們，有些仍任職於中央政府擔任部長甚至院長級的社會賢達，也都在寒風中特別前來。甚至有宗教信仰與我們不同的前輩，仍願意參與全場的佛事祝福儀式，沒有一絲彆扭，眼中只有深深的悼念與濃濃的祝福。

大家不畏寒風，也不避諱農曆年節前來送行，我們感恩之餘，也更加相信是媽媽的真心相待，讓大家願意在這樣的時節前來道別，並真心想念著她。

隔天，我們完全沒想到媽媽的告別式竟上了幾大媒體的報導。原來當時正值組閣時期，許多記者跟拍當時的院長及多位部長級官員欲探口風，卻發現大家的行程竟都一致，不約而同來到台北第二殯儀館。眾記者們一路跟進會場，我猜想他們與殯儀館工作人員一樣，對受訪者前來參加這位「不知名」人士的告別式感到一頭霧水。

我流著淚笑著對天上的媽媽說：「連道別塵世也可以上新聞，算妳厲害啦！」「算你厲害！」是媽媽常用來稱讚我們家人的話。我們常笑稱媽媽是「媒體寵兒」：她與父親搭火車參與國內旅遊，在眾多乘客中被多位記者選中「聯合受訪」談旅遊感受，受訪片段在多家電視台重複播放多次；她與父親臨時起意到某漢堡店吃漢堡，也在眾多食客中被來訪記者相中，訪問對該餐廳食物的感想，同樣又上了媒體被重複播放……，這些受訪全都非媽媽本意，但總是這樣莫名其妙就「出鏡」了。沒想到，連最後的道別也是。

媽媽確實做到她所說：「聚時真心以待。」用真心建構而起的人生，更能彰顯世間走一遭的意義。

媽媽的話

好好再見，
不談虧欠，
不負遇見。

媽媽的離去讓人措手不及，每每思及未能一起實踐未竟的計畫、未能一起實現未圓的夢，心中總有滿滿的虧欠與遺憾。

以我而言，因為婚後居住僑居地二十多年，一年只回台探親兩次。近兩三年因為新冠疫情，國際往來需要隔離，更加不自由。原看著疫情緩解，國際漸開，告訴媽媽以後我計畫多回來陪陪她，或一起出國旅行，希望她要好好照顧健康。我甚至心想，就算有天她需要坐輪椅，我也會推著她一起出門。因從小受到媽媽無微不至的身心照護，被她深廣的愛濃濃包圍著，〈白髮吟〉中「誰知寸草心，報得三春暉」之情，年紀愈長愈能體會，我想著，該是時候好好回報慈恩了。

這麼多年來，只要相聚我們母女就會找咖啡廳喝咖啡，有時一天一次，有時甚至一天兩回，有些趕進度的概念，但其實短短一兩週的相聚時間，這麼喝有點太頻繁，媽媽說她很希望我們住在同一個城市，至少一週能見一次面，一起喝一次咖啡，這樣的頻率最剛好，可惜至今沒能實現，也永遠無法實現了。

最愛紫藤花的媽媽，每年四月總想著要到日本看大片的紫藤園，但每年我總是騰不出空，每每向她撒嬌，希望她等等我再一起去。好不容易終於排定一起去賞紫藤，但誰都沒想到，三天後媽媽就倒地入院，再也沒有醒來。媽媽離開後，我依照原計畫，四月帶著父親與家人一起去日本看紫藤，看著一叢叢在微風中如夢幻般搖曳的紫藤花，想著媽媽若能依約一起到此會有多開心！在紫藤園裡，我怔怔的望著天空，喊了無數次：「媽媽」，好像多喊幾次，媽媽就會突然出現在紫藤園裡……，紫藤花原象徵幸福，但現在我看紫藤花，卻有更多濃濃的哀傷。

還有父親想了多年，計畫為媽媽在市郊專門打造一間畫室，預計將媽媽眾多大小畫作展示並收藏其中，還特別訂製一張超大木桌，要讓愛畫畫的媽媽在較寬廣的空間盡情揮灑。每每媽媽去看整修進度後，與我分享時總是眉飛色舞，連畫室完工後，計畫邀請哪些親友、買些什麼餐點共享都已經想妥，看得出她多麼喜愛這份心意，多麼企盼！可惜設計師打電話告知可以收工結尾的那日，就是媽媽倒地入院後的隔日。在加護病房內，我們在媽媽耳邊告訴她，畫室已經要完工了呀！

一件又一件、一遍又一遍，我的腦中心中不斷反覆想著，對媽媽有太多太多的虧欠。無法再為最愛我的人做任何事，那種椎心，難以言喻。媽媽離世後，整理翻看媽媽的日記，發現她在某頁只簡單寫了這句：「好好再見，不談虧欠，不負遇見。」不

淡水紫藤園。

禁嚎啕大哭，感覺媽媽連離開後都用她的文字在安慰我，希望我在心裡與她好好道別，不要鑽牛角尖只想著遺憾，如此才不負我們此生美好的相遇。

這句話，是鼓勵，也是撫慰。

要能好好再見，不談虧欠，即是在相遇時光裡，真誠相待，互惜緣分。如果總想著以後再如何如何，「明日復明日，明日何其多」，人算永不如天算，當道別的時刻無預警的到了，定只有更多更大的遺憾。

如能珍惜緣分一場，到了今生緣盡時，也較能釋懷。在相遇的當下若已根據當時的時空背景做最好的安排，事後看或嫌不足，即便仍有虧欠遺憾，但這已是當時最好的狀況了。愛別離苦，卻不負相遇一場。

很喜歡媽媽教我唱的一首〈偶然〉（徐志摩的詞）：

我是天空裡的一片雲，偶爾投影在你的波心，你不必訝異也無需歡欣，在轉瞬間消滅了蹤影。你我相遇在黑夜的海上，你有你的我有我的方向，你記得也好，最好你忘掉，在這交會時互放的光亮。

我不想，也不會忘掉，今生母女情緣交會時溫暖美好的光亮。就是這樣的光亮，在媽媽逝去後漫漫沉沉的黑暗中，引導著我在人生路上繼續前行。摯愛離別的椎心之痛只能深藏，無法癒合，但就算帶著傷痛，只要能將共同有過的回憶好好珍藏心中，讓這些記憶成為我們生命的一部分，也許就不辜負彼此交會而生的愛的光芒，不負今生的相遇。

後記一

告別式代表子女感念文

親愛的美女媽、我們最愛的阿母：

相信現在的您已在佛菩薩身邊。

您常說外婆從生病到往生不到兩個月，是疼惜子女。那麼您從緊急送醫到捨報，不過短短兩週，那實在是對我們超級疼愛，處處為我們設想，一如往昔。

記得國三拚聯考的那年，晚自習總是全班訂便當，我是全班唯一一個天天有媽媽送熱便當的孩子。您當時擔任美術資優班導師，工作繁多，卻仍在下班後為我準備熱騰騰三菜一湯與雙份水果的三層便當，準六點站在教室門口，那是當時在沉重課業壓力下每天唯一的企盼。下班後要如此張羅，還要提著沉重的保溫便當，用幾乎小跑步的方式，提到距家裡將近二十分鐘路程的學校，沒有一日間斷，沒有一天遲到。

高三拚大學聯考，您擔心我沒有多餘時間看課外讀物，於是親手抄寫了十數本的中西諺語、經典佳句名言等，為的是讓我能在短時間內吸收更多文學知識，更希望藉此為我提供重點式精神食糧，這些本子，我全部都還留著。

到美國讀研究所時，當時沒有即時通訊軟體，您天天手寫一封長信給我，每兩天寄出一次，放學後到宿舍信箱收您的信，是那段求學時光最大的企盼，您的信總是帶給我溫暖與力量。整整兩年，不曾間斷。弟弟高中至研究所在澳洲求學的時光，也是每兩天收到您的手寫長信，不曾間斷，那是當時曾有過徬徨時光的他，最大的精神撫慰與鼓勵。

在新加坡待產生第一個孩子時，您前後飛來十多趟，為的是照顧我。尤其坐月子期間，每天早上摸黑拉著菜籃車到市場買菜，七點前已準備好豐富的月子餐，晚上又要我多休息，由您來照顧嬰兒。在陌生的國度獨自照料我的一切，從沒展現過倦意，總是說笑中給我安慰鼓勵。

這些都只是您為我們所做其中之一二，自己當媽媽後我常常想，這些背後到底需要多強大的毅力與愛？

婚後我住在新加坡與雅加達至今二十多年，我們每天通話三次，沒有一天間斷。我們是彼此最好的朋友，無所不談。親愛的媽媽，已經二十天沒聽到您的聲音了，這是我們相識至今最久的一次，我非常非常想念您，您的笑語，您的歌聲，您的一切。

但是即便沒有聽到您的聲音，我記得您說的每一句話。

今年一月初從台灣飛回雅加達前一天，我們一起喝咖啡，不喝咖啡的爸爸有史以來第一次竟然神奇的說要與一起喝，而且他真的點了也喝了。那日喝咖啡，我問您們，人生至此，有什麼感覺？您笑著搶著回答：「厚，我覺得我的人生很完滿，俯仰無愧，我很滿意。」親愛的媽媽，喝咖啡的三天後，我接到弟弟通知，您在家倒地被緊急送醫，我立刻買機票，坐上當天的飛機。您在手術中，我在飛機上，我第一次覺得，五個小時的航程如此漫長難熬，親愛的媽媽，然後，您竟就沒有醒來了。我們錯愕、心痛、不捨，但反覆看著您幾年前已智慧的寫下的預立遺囑，我們心意相通，瞭解並支持您的決定。

最親愛的美女媽媽，您曾考父親用一個字形容您，他不加思索的說是賢能的「賢」。您是弟弟與我心中最棒的母親，能當您的孩子，是我們此生最大的福報。您是媳婦心中「最好的夥伴、最棒的婆婆」、女婿心中「最溫暖的岳母」，孫子總說您是「世界上最棒的阿嬤」，您是手足心中的愛，朋友們眼中真誠溫柔開朗的好友。

您以身教展現所有人間的真善美，您教導我們「不卑不亢，不忮不求」，我們都記下，並努力向您學習。如果父親有一些成就，弟弟與我有一些可讚之處，最親愛的媽媽，那都是因為您！您有我們全部的愛，我們也擁有您滿滿的愛！從今以後，我們以佛號相應，以佛號相連，或者，以歌聲相契。就像您教導我們全家唱的：雖然一個人，我並不孤獨，在心中妳陪我看每一個日出。（唱）

雖然已對您重複說了無數次，我還想再說一次，媽，我們非常非常愛您！

以前您說過，如果有天您離開了，請記得您笑咪咪的樣子。我們會永遠記得您慈美的笑容，並笑咪咪的回應您。

最親愛的媽媽，這期的人生，非常謝謝您！下期，我們有緣再見！

二〇二三年一月二十九日於台北

後記二

便當頌

郭惠連

兒子以前上國中時，有天回到家就向我說：「媽，妳知道嗎？我的便當是全班最大的。」我在心底偷笑，暗想，哪個媽媽不希望自己孩子多吃些？

兒子在自己便當盒上貼了張「優等生」貼紙，以防同學拿錯。我洗便當盒看見貼紙，不禁莞爾，多少便當記憶立即湧上心頭。

我念小學五六年級時，因為有升學壓力，每天都天未亮就回學校去溫習。那時候，我最盼望的是爸爸騎單車為我送來一個熱騰騰的早餐便當。

初中，帶了三年的便當。家裡沒有冰箱，每天早晨都是媽媽早起做飯，便當裡永還有一個荷包蛋和肉鬆。當時我嫌學校蒸出來的飯有油煙味，寧願吃冷飯。蛋是家裡養的雞生的。

後來，變成我替孩子做便當了。

一天，女兒告訴我，現在同學都稱她為「玉米公主」，因為她的便當菜常常是玉米。這真讓我啼笑皆非，可是想一想，覺得也該研究一下便當菜如何做了。

女兒高中聯考前，天天留校自習，我黃昏就替她送便當，盡量讓裡面的菜多變化。後來她告訴我，在聯考前的無趣日子中，每天吃著我送去的便當，是她最快樂的時光。

孩子長大了，展翅離巢，我忽有無事一身輕的感覺。一天，我丈夫看著剩下的飯菜，對我說：「把這些裝進便當盒，我明天中午吃吧！」就這樣，我又開始做便當了。

注：此文原名〈便當的滋味〉，刊登於《聯合報繽紛版》（二〇〇〇年六月二十五日），爾後《讀者文摘》雜誌從香港寄信件聯絡，希望可以轉載，並刊登於二〇〇一年一月份的《讀者文摘》，轉載標題為〈便當頌〉。

心理勵志 BBP488

人間最美的相遇

寫給母親的深情書

國家圖書館出版品預行編目(CIP)資料

人間最美的相遇：寫給母親的深情書/賴珩佳作.
-- 第一版. -- 臺北市：遠見天下文化出版股份有限公司, 2024.05
256面；14.8×21公分. --（心理勵志；BBP488）

ISBN 978-626-355-761-1(平裝)

1.CST: 母親 2.CST: 親子關係

544.141　　113006242

作者 — 賴珩佳
全書畫作 — 郭惠連
畫作攝影 — 林謙和

企劃出版部總編輯 — 李桂芬
主編 — 李桂芬
責任編輯 — 尹品心、李宜芬（特約）
封面暨內頁設計 — 洪雪娥
校對 — 魏秋綢

出版者 — 遠見天下文化出版股份有限公司
創辦人 — 高希均、王力行
遠見・天下文化 事業群榮譽董事長 — 高希均
遠見・天下文化 事業群董事長 — 王力行
天下文化社長 — 王力行
天下文化總經理 — 鄧瑋羚
國際事務開發部兼版權中心總監 — 潘欣
法律顧問 — 理律法律事務所陳長文律師
著作權顧問 — 魏啟翔律師
社址 — 臺北市 104 松江路 93 巷 1 號
讀者服務專線 — 02-2662-0012 | 傳　真 — 02-2662-0007；2662-0009
電子郵件信箱 — cwpc@cwgv.com.tw
直接郵撥帳號 — 1326703-6 號　遠見天下文化出版股份有限公司

電腦排版 — 立全電腦印前排版有限公司
製版廠 — 東豪印刷事業有限公司
印刷廠 — 鴻源彩藝印刷有限公司
裝訂廠 — 台興印刷裝訂股份有限公司
登記證 — 局版台業字第 2517 號
總經銷 — 大和書報圖書股份有限公司　電話／ (02)8990-2588
出版日期 — 2024 年 5 月 31 日　第一版第 1 次印行

定價 — 500 元
ISBN — 978-626-355-761-1 | EISBN — 9786263557628（EPUB）；9786263557635（PDF）
書號 — BBP488
天下文化官網 — bookzone.cwgv.com.tw

天下文化
BELIEVE IN READING